●丛书主编 庆振轩

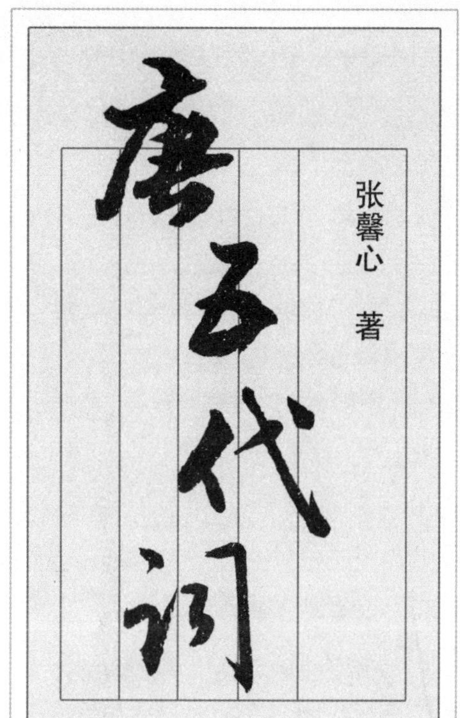

兰州大学出版社

图书在版编目(CIP)数据

故事里的文学经典．唐五代词／张馨心著．—兰州：兰州大学出版社，2013.9(2019.9 重印)
ISBN 978-7-311-04261-5

Ⅰ．①故… Ⅱ．①张… Ⅲ．①词(文学)—诗歌欣赏—中国—唐代 ②五代词—诗歌欣赏 Ⅳ．①I206.2

中国版本图书馆 CIP 数据核字(2013)第 220441 号

策划编辑　张　仁
责任编辑　张　仁
装帧设计　张友乾

书　　名　故事里的文学经典·唐五代词
作　　者　张馨心　著
出版发行　兰州大学出版社　(地址：兰州市天水南路 222 号　730000)
电　　话　0931-8912613(总编办公室)　0931-8617156(营销中心)
　　　　　0931-8914298(读者服务部)
网　　址　http://press.lzu.edu.cn
电子信箱　press@lzu.edu.cn
印　　刷　三河市金元印装有限公司
开　　本　710 mm×1020 mm　1/16
印　　张　8.75
字　　数　138 千
版　　次　2013 年 9 月第 1 版
印　　次　2019 年 9 月第 3 次印刷
书　　号　ISBN 978-7-311-04261-5
定　　价　17.50 元

学海无涯乐作舟
——"故事里的文学经典"系列序言

北宋文坛领袖欧阳修曾说：

立身以求学为先，求学以读书为要。

欧阳修是一位政治家、思想家、改革家，也是一位教育家，他认为人生如果要有一番作为，就要努力求学读书。千余年过去，时至今日，立志向学，勤奋读书，教育强国，已经形成社会共识。然而读什么书，如何读书，依然是许多人困惑和思考的问题。

人们常说"开卷有益"，又说"好书不厌百回读"，所谓的好书、有益的书，应该指的是经典作家的经典作品。何谓经典？瑞士作家赫尔曼·黑塞在《获得教养的途径》中认为，经典作品是"我正在重读"，而不是"我正在读"的书。人文学科都有各自的经典作家和经典作品，诸如"哲学经典"、"史学经典"、"文学经典"等等。范仲淹曾经说过："劝学之要，莫尚宗经。宗经则道大，道大则才大，才大则功大。"(《上时相议制举书》)儒家把《诗经》、《尚书》、《仪礼》、《乐经》、《周易》、《春秋》尊为"六经"，文人学士研修经典的目的是为了经世致用，"六经之旨不同，而其道同归于用"。"故深于《易》者长于变，深于《书》者长于治，深于《诗》者长于风，深于《春秋》者长于断，深于《礼》者长于制，深于《乐》者长于性。"(陈舜俞《说用》)范仲淹与其再传弟子陈舜俞都是从造就经邦济世的通才、大才的角度论述儒家经典的。但古人研读经典，由于身份不同、目的不同，取径也不尽相同。郭绍虞在《中国文学批评史》中指出："古文家、道学家和政治家一样的宗经，但是古文家于经中求其文，道学家于经中求其道，而政治家则于经中求其用。"

就文学经典而言，文学经典指的是具有深厚的人文意蕴和永恒的艺术价值，为一代又一代读者反复阅读、欣赏、接受和传承，能够体现民族审美风尚和美学精神，具有广阔的阐释空间和当代存在性，能不断与读者对话，并带来新的

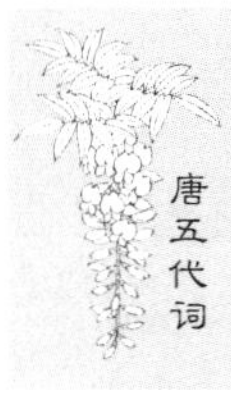

发展，让读者在静观默想中充分体现主体价值的典范性权威性文学作品。“经也者，恒久之至道，不刊之鸿论。”（刘勰《文心雕龙·宗经》）

由于经典之作要经历时间和读者的检验，所以经典作家、经典作品经典化的过程会给我们一些有益的启示：读者和作家一起赋予了经典文学的经典含义。即就宋词而言，词体始于隋末唐初，发展于晚唐五代，极盛于两宋。但在宋代，词乃小道，不登大雅之堂，终宋一代，宋词从未取得与诗文同等的地位。欧阳修在《归田录》中曾记载：

> 钱思公（惟演）虽生长富贵，而少所嗜好。在西洛时，尝语僚属言：平生唯好读书，坐则读经史，卧则读小说，上厕则读小词。盖未尝顷刻释卷也。

虽然欧阳修之意在赞扬钱惟演好读书，但言及词则曰“小词”，且小词乃上厕所所读，则其地位可知。即就宋代词坛之大家如苏轼，在被贬黄州时，为避谤避祸，开始大量作词；辛弃疾于痛戒作诗之时从未中断写词的事实，也可略知其中信息。直至后世的读者研究者，越来越感知和发现了词体的独特的魅力——“词之为体，要眇宜修，能言诗之所不能言，而不能尽言诗之所能言。诗之境阔，词之言长”（王国维《人间词话》），才把词坛之苏辛，视如诗坛之李杜，赋予了宋词与唐诗相提并论的地位。

其他文体中如元杂剧之《西厢记》、章回小说之《水浒传》，也曾被封建卫道士视为“诲盗诲淫”之洪水猛兽而遭到禁毁，但名著本身的价值、读者的喜爱和历史的检验，奠定了它们经典之作的地位。

在一些经典作品经典化的过程中，读者甚至参与了经典作品的创作。李白的《静夜思》就是一个典型的个例。从文献学的角度看，宋代刊行的《李太白文集》、《李翰林集》中《静夜思》的原貌为：

床前看月光，疑是地上霜。
举头望山月，低头思故乡。

当代著名学者瞿蜕园、朱金城、安旗、詹瑛所撰编年校注、汇释集评本《李太白集》也全依宋本。但从明代开始，一些唐诗的编选者（读者）开始改变了《静夜思》的字句，形成了流行今日的李白的《静夜思》：

床前明月光，疑是地上霜。
举头望明月，低头思故乡。

所以，经过了历史长河的淘洗和历代无数读者检验而存留至今的中华文明宝库中的经典文学作品，是中华民族精神智慧的结晶。那么，在大力弘扬与传承优秀传统文化的今天，我们应该怎样学习阅读自《诗经》、《楚辞》以来的文学经典？古人的一些经典之作和经典性论述可以为我们借鉴。

横看成岭侧成峰，远近高低各不同。
不识庐山真面目，只缘身在此山中。

这是苏轼在元丰七年四月，自九江往游庐山，在山中游赏十余日之后所写的《题西林壁》诗。一生好为名山游的苏轼，在畅游庐山的过程中，庐山奇秀幽美的胜景，让诗人应接不暇。苏轼于游赏中惊叹、错愕，领略了前所未有的超出想象的陌生的美感。初入庐山，庐山突兀高傲，“青山若无素，偃蹇不相亲。要识庐山面，他年是故人。”移步换景，处处仙境，诗人喜出望外，“自昔忆清赏，初将杳霭间。如今不是梦，真个在庐山！”庐山幽胜美不胜收，于是诗人在《题西林壁》这首由游山而感悟人生的诗作中，寄寓了发人深思的理趣。苏轼之后，人们从不同的角度解读诗作给予人们的启悟。王国维《人间词话》中说：

诗人对于宇宙人生，须入乎其内，又须出乎其外。入乎其内，故能写之；出乎其外，故能观之。入乎其内，故有生气；出乎其外，故有高致。

而苏轼的《题西林壁》正是诗人对于人生对于庐山既入乎其内，又出乎其外的带有特有的东坡印记的智慧之作。古往今来，向往庐山，畅游庐山的游人难以数计，而神奇的庐山给予游人的感触各有不同，何以如此呢？因为万千游客，虽同游庐山，但经历不同，观赏角度有别，学识高下不一，游赏目的异趣，他们都领略的是各自心目中的庐山，诚所谓“横看成岭侧成峰，远近高低各不同”。也正如钱钟书《谈艺录》中所说：“盖任何景物，横侧看皆五光十色；任何情怀，反复说皆千头万绪。非笔墨所易详尽。”所以,换个角度看世界,世界会更加丰富多彩;换个角度看人生,现实人生就会更具魅力;换个角度读经典,你会拥有你自己的经典,经典会更加经典。

千江有水千江月,千江水月各不同。古今中外的许多经典作家正是以独特的眼光观察大千世界,以独到的思维角度思考人生,以生花妙笔写人叙事,绘景抒情,继往开来,推陈出新,创造出一部部永恒的经典。“不畏浮云遮望眼,只缘身在最高层。”经典之所以为经典,其要因之一就是经典作家能够站在时代的制高点上,眼光独到,视点独特,思想深邃,能发前人之所未发。即以被称为“拗相公”的王安石为例,作为勇于改革的政治家,思想深刻的思想家,他的诗、文、词创作都具有鲜明的个性特色。四川大学中文系古典文学教研室选注的《宋文选·前言》中说:

> 王安石的文章大都是表现他的思想见解,为变法的政治斗争服务的,思想进步故识见高超,态度坚决故议论决断。其总的特色是在曲折畅达中气雄词峻。议论文字,无论长篇短说,都结构谨严,析理透辟,概括性强,准确处斩钉截铁,不可移易。

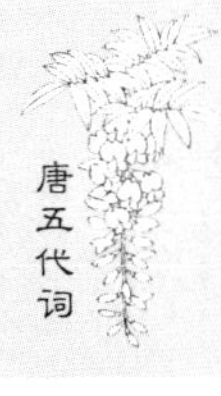

这一段话是评价王安石散文风格的,用来概括他的诗词特色也颇为恰切。王安石由于个性独特,识见高超,所以喜欢做翻案文章。他的这一类作品不是为翻案而翻案,而是确有独到深刻的见解,其《读史》、《商鞅》、《贾生》、《乌江亭》、《明妃曲》均是如此。即以其《贾生》而言,司马迁《史记》有《屈原贾生列传》,对贾谊的同情叹惋之意已在其中。李商隐因自己人生失意,对贾谊抑郁失意更为关注,其《贾生》诗曰:

宣室求贤访逐臣,贾生才调更无伦。
可怜夜半虚前席,不问苍生问鬼神。

这首咏史诗在切入点的选取上颇为独到,在对贾谊遭际的咏叹抒写之中,蕴含着深沉的政治感慨和人生伤叹,而这种感慨自伤情怀颇能引起后世怀才不遇之士的情感共鸣,给予了高度评价。但王安石评价历史人物的着眼点则跳出了个人人生君臣遇合的得失,立足于是否有用于世有助于时的角度,表达了独特的“遇与不遇”的人生价值观。遇与不遇，不在于官场职位的高低，而在于胸怀谋略是否得以实行，是否于国于民有益：

一时谋议略施行，谁道君王薄贾生。
爵位自高言尽废，古来何啻万公卿。

以人况己，以古喻今，振聋发聩，这样的诗作才当得上“绝大议论，得未曾有”的美誉。无论是回首历史，还是关注现实，抑或是感受人生，往往因作者的视角不同，立场观念有别，而感发不一，所写诗文，各呈异彩。

但是我们在阅读体验中还发现了一些很有趣的现象：读者有时所欣赏的并不是作者的得意之作，而有时候作者所自珍的，读者却有微词。欧阳修《六一诗话》有这样一段文字：

晏元献公文章擅天下，尤善为诗，而多称引后进，一时名士往往出其门。圣俞平生所作诗多矣，然公独爱其两联，云“寒鱼犹著底，白鹭已飞前”，又“絮暖鮆鱼繁，露添莼菜紫”。余尝于圣俞家见公自书手简，再三称赏此二联。余疑而问之，圣俞曰：“此非我之极致，岂公偶自得意于其间乎？”乃知自古文士不独知己难得，而知人亦难也。

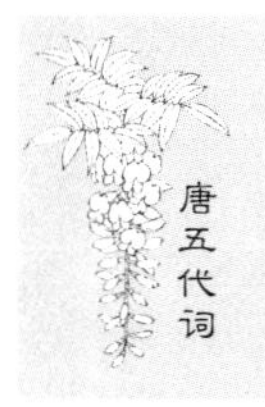

欧阳修这种阅读体验不止一端，刘攽《中山诗话》记载：永叔云：“知圣俞者莫如某，然圣俞平生所自负者，皆某所不好。圣俞所卑下者，皆某所称赏。”于是也感慨知心赏音之难。

正因为知心赏音之难，所以古人强调阅读欣赏应该知人论世。于是了解探究历史，就有“纪事本末”类的系列著述。阅读欣赏诗词，即有《本事诗》、《本事词》、《词林纪事》、《唐诗纪事》、《宋诗纪事》、《明诗纪事》、《清诗纪事》等著作；阅读唐宋散文，也有《全唐文纪事》、《宋文纪事》之类的著述。对于读者而言，这些著述有助于我们由事知史，由事知人，进而由事知诗，由事知词，由事知文；或者说有助于我们加深对相关诗、词、文的深入了解。正是从这个视点出发，出于弘扬传统文化，建设社会主义精神文明的责任感与使命感，兰州大学出版社策划出版“故事里的文学经典”、“故事里的史学经典”、“故事里的哲学经典”（统称为“换个角度读经典”）系列丛书，同样出于历史使命感，我们愉快地接受了“故事里的文学经典”系列的撰写工作，首批包括《故事里的文学经典之唐五代词》、《故事里的文学经典之唐文》、《故事里的文学经典之宋文》、《故事里的文学经典之北宋诗》、《故事里的文学经典之南宋诗》、《故事里的文学经典之元曲》、《故事里的文学经典之唐诗》、《故事里的文学经典之宋词》。

当凝聚着丛书的策划者和撰著者共同心血的著述即将付梓之际，我们为和兰州大学出版社这次愉快的合作感到由衷的高兴，因为共同的弘扬优秀传统文化的目标，出好书就成为我们共同的意愿，所以撰写以至出版的一些具体问题，就很容易通过沟通达成一致。参与丛书撰写的同仁均长期从事中国古典文学的教学科研工作，怎样让经典文学作品走出大学的讲堂，走向社会，走向千家万户，是我们长期思考的问题；而由学者在一定研究基础上撰写的，面向更为广大的读者群的融学术性的严谨和能给予读者阅读的知识性、愉悦性则是出版社策划者的初衷。合作的愉快也为我们下一步自汉魏至明清诗、词、文部分的写作奠定了良好的基础。

由“本事”或者说由“故事”入手诠解阅读文学经典是我们的共识。

那些与诗、词、文密切相关的“本事”，在古典文学名篇佳作的赏鉴研读中，主要是指与相关作品的创作、传播以及作家的生平遭际有关的“故事”，抑或是趣事逸闻，其本身就是最通俗、最形象吸引读者的“文学评论”，许多流誉后世的名篇佳作，几乎都伴随有引人入胜的“故事”或传说。这些故事或发生于作家写作之前，是为触发其写作的契机，所谓“感于哀乐，缘事而发”；或是出于一种自觉的责任感使命感，“文章合为时而著，歌诗合为事而作”。而有些诗文本身就在讲故事，史传文学本身就与后世小说特别是传奇小说有千丝万缕的联系，所以唐宋散文中的一些纪传体散文名篇诸如《张中丞传后叙》、《段太尉逸事状》、《杨烈妇传》、《唐河店妪传》、《姚平仲小传》等颇具小说笔法。即如范仲淹之《岳阳楼记》，王庭震《古文集成》中也记述说：

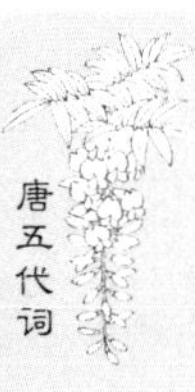

《后山诗话》云：“文正为《岳阳楼记》，用对语说时景，世以为奇。尹师鲁读之，曰：‘传奇’体耳！”《传奇》，唐裴铏所著小说也。

有些诗歌也是感人的叙事诗，在很多读者那里了解的苏小妹的故事，只是民间的传说，得之于话本小说《苏小妹三难新郎》、近年新编的影视作品《鹊桥仙》等。人们出于良好的心理愿望，去观看欣赏苏小妹和秦观的所谓爱情佳话，让聪明贤惠的苏小妹和苏轼最得意的门生秦观在虚构的小说、戏曲、影视作品中成就美好姻缘，而不去考虑受虐病逝于皇祐四年（1052）的苏洵最小的女儿、苏轼的姐姐八娘，和出生在皇祐元年（1049）的秦观结为秦晋之好是根本不可能的！而苏洵的《自尤》诗即以泣血之情记述了爱女所嫁非人，被虐致死的锥心之痛。但长期以来，由于资料的散佚，一些研究苏轼的专家对此亦语焉不详，台湾学者李一冰所著《苏东坡新传》即曰：

苏洵痛失爱女，怨愤不平，作《自尤诗》以哀其女（今已不传）。

我们依据曾枣庄先生《嘉祐集笺注》收录了《自尤》诗并叙，并未多加诠释，因为诗作本身就为我们含悲带愤地讲述了一个凄惨的八娘的短暂的一生的悲剧故事。苏小妹不是一个传说！

当然，也有一些故事发生在诗作传播之后，如《舆地广记》和《艇斋诗话》都记载，苏轼“为报先生春睡美，道人轻打五更钟”传到京城，章惇认为东坡生活快活安稳，于是又把诗人贬到海南。但是不论诗人是直书其事，还是借史言事，是因事论事，还是即事兴感，与诗作相关与诗人遭际相关的故事，都有助于我们对经典诗文在知人论世的基础上去读解诠释。

在“换个角度读经典”系列丛书之“故事里的文学经典”（第一批）将要出版发行之际，我们对兰州大学出版社的张仁先生、张映春女士为之付出的大量心血和兢兢业业一丝不苟的敬业精神表示由衷的感佩；对兰州大学文学院党政领导班子，特别是张炳成同志对于丛书的写作出版自始至终的关注支持深表感谢。同时，由于切入角度不同，对于相关诗、词、曲、文名篇的诠解也仅是我们的一得之见，所以我们热望广大读者多提宝贵意见，书山有路勤为径，学海无涯乐作舟，愿读者诸君和我们一起愉快阅读经典的同时，换个角度，读出我们各自心目当中的经典。

庆振轩

二〇一三年八月于兰州

目录

唐代词

吴越词

前后蜀词

南唐词

敦煌词

唐代词

唐代是词体初兴的时期，这一时期的词作形式很像是诗歌中的绝句，句式短小，语句比较整齐，押韵也和诗歌相似。词体和音乐的密切联系是从唐代就开始的。无论是擅长作词的温庭筠，还是喜欢欣赏词作的唐玄宗、唐肃宗，都很习惯于将词作配乐演奏，白居易所作的《竹枝词》更是从民间流行的歌谣演变而来的。由于处在形成的初期，这一时期词作的内容和风格多种多样，爱情、友情、乡情、隐逸情怀，甚至谈兵论战等都出现在唐代的词作中，可以看出明显的探索中的词体创作特色，与成熟的宋代词作风格迥异，别具特点。

一声玉笛向空尽,月满骊山宫漏长
——唐明皇与杨贵妃的爱情故事

唐玄宗李隆基是一位多才多艺的皇帝,唐代南卓的《羯鼓录》说他通晓音律,在音乐上十分有天分,凡是丝竹管弦之类的乐器,他都可以演奏得十分出色。除此之外,李隆基还时常自己作词作曲,有一年的二月初,适逢雨过天晴,柳叶杏花隐隐待发,景色明丽喜人,李隆基看到这一幕,命高力士取来羯鼓,现场即兴击奏了一曲《春光好》。演奏完毕之后,发现刚才还隐约萌芽的柳杏此时都已经绽放了,玄宗指着柳杏笑道:“就为了这件事,也该叫我‘天公’才是!”除了这首《春光好》,李隆基的《秋风高》也是首绝妙入神的乐曲。每当秋高气爽之时演奏这首曲子,就会从远处吹来秋风,转瞬间风雨飒然。

唐玄宗所作的最出名的曲子当是《霓裳羽衣曲》,有记载说,是玄宗登三乡驿望女儿山时所作。同时,还有一种更为传奇的说法,称玄宗与罗公远一同赏月,罗公远将一枝桂花抛向空中,桂枝化为银色的桥,公远邀请玄宗一同登桥,过桥后行至月宫,月宫之中正有数百名仙女伴着音乐起舞,玄宗觉得这名为《霓裳羽衣》的乐曲十分动听,暗暗记了下来,自月宫回来后即召伶人模仿其音调,作了《霓裳羽衣曲》。乐曲悠扬动听,配上舞蹈更是相映生辉,玄宗十分喜爱这首乐曲,更重要的是他宠爱的杨贵妃也非常擅长跳霓裳羽衣舞,因此这首舞曲是宫廷中时常上演的曲目。当时的大臣张说在描述华清宫时就特意提到了霓裳羽衣舞的上演。

天阙沉沉夜未央,碧云仙曲舞霓裳。
一声玉笛向空尽,月满骊山宫漏长。

由于乐曲和舞蹈的精美,不只是在宫廷中备受推崇,更在开元、天宝间盛行一时,唐代诗人对此舞亦多有描绘。白居易在《霓裳羽衣舞歌和微之》中对霓裳羽衣曲的乐曲、伴奏乐器、舞蹈形式、舞者衣着打扮等都作了详尽描绘,称赞此舞曲道:"千歌万舞不可数,就中最爱霓裳舞。"但随着唐王朝的衰落崩溃,一代名曲《霓裳》竟然"寂不传矣"。实际上到了中唐时期,此曲已被许多人淡忘。五代时,南唐后主李煜得残谱,昭惠后周娥皇(大周后)与乐师曹生按谱寻声,补缀成曲,并曾一度整理排演,但已非原味了。南宋时姜夔旅居长沙,偶然发现了商调霓裳曲的乐谱十八段,他为"中序"第一段填了一首新词,即《霓裳中序第一》,连同乐谱一起被保留了下来,词如下:

亭皋正望极。乱落江莲归未得。多病却无气力。况纨扇渐疏,罗衣初索。流光过隙。叹杏梁、双燕如客。人何在,一帘淡月,仿佛照颜色。　　幽寂。乱蛩吟壁。动庾信、清愁似织。沈思年少浪迹。笛里关山,柳下坊陌。坠红无信息。漫暗水、涓涓溜碧。漂零久,而今何意,醉卧酒垆侧。

另一个有神异色彩的故事是玄宗作《凌波曲》。传说玄宗在洛阳的时候,梦到了一位身着大袖宽衣,容貌美艳的女子,这名女子自称是凌波池中的龙女,平日里护驾辛苦,希望玄宗赐曲一首,以彰其功。玄宗在梦中用胡琴为之作《凌波曲》,龙女拿到乐曲后再拜离去。玄宗醒后仍然记得这首曲子,后来在凌波池前演奏此曲时,就有神女从池中现身,细看起来,这神女正是玄宗梦中所见的龙女。

唐玄宗在历史上出名并不仅仅因为他的帝王身份或是音乐才能,更是因为他与杨贵妃的一段缠绵爱情。杨贵妃不仅容貌出众,同时也是一位才女,她曾写了《阿那曲》送给善于跳舞的侍儿:

罗袖动香香不已,红蕖袅袅炊烟里。
轻云岭上乍摇风,嫩柳池塘初拂水。

其中"罗袖动香香不已"一句因为出色传递了舞者的神髓而深为后世推崇,能写出这样的词句,与杨贵妃通音律、善舞蹈是分不开的。玄宗的得意之作《霓裳羽衣曲》,杨贵妃的演绎最为传神,醉中跳来更是风流婉转,使人方知回雪流风,可以回天转地。玄宗十分宠爱杨贵妃,专门为她打造了金步摇,亲自插在杨贵妃鬓间,并且对宫人说:"我得到杨贵妃,真是如获至宝啊!"

虢國夫人游春卷

唐玄宗对杨贵妃的宠爱不论是非、惠及家人，不仅杨国忠和杨贵妃的姐妹们权势熏天，恩赏无边，就连杨家的奴仆都敢在众目睽睽之下冲撞公主和驸马。事后公主向玄宗哭诉，可玄宗的处理方法竟然只是杀掉杨家那名闯祸的家奴，并没有对杨家做任何实质性的惩罚，可对公主方面却不抚反惩，免掉了驸马的官职，还命驸马不得朝谒，这是极度恩宠之下，完全不考虑公允的表现。杨家得到了这样的信息，马上恃宠而骄，恣意妄为，就连出入宫廷禁门也是横冲直撞，完全没有避讳，这使满朝文武大臣敢怒而不敢言，一时之间，杨家权势熏天。有市井民谣说，“生女勿悲酸，生男勿喜欢”，“男不封侯女作妃，看女却为门上楣”，对杨贵妃一人得宠带给全家的荣耀和声名十分艳羡。正因为如此，安史之乱时的马嵬兵变将矛头直指杨贵妃和她身后的杨家，认为之所以天下大乱，皆因杨贵妃得宠而起，玄宗迫于压力，不得已赐死了杨贵妃。宋代李冠的《六州歌头》词感怀了玄宗李隆基与杨贵妃的爱情故事和马嵬兵变的经过。

凄凉绣岭，宫殿倚山阿。明皇帝。曾游地。锁烟萝。郁嵯峨。忆惜真妃子。艳倾国，方姝丽。朝复暮。嫔嫱妒。宠偏颇。三尺玉泉新浴，莲羞吐、红浸秋波。听花奴，敲羯鼓，酣奏鸣鼍。体不胜罗。舞婆娑。

正霓裳曳。惊烽燧。千万骑。拥雕戈。情宛转。魂空乱。蹙双蛾。奈兵何。痛惜三春暮，委妖丽，马嵬坡。平寇乱。回宸辇。忍重过。香瘗紫囊犹有，鸿都客、钿合应讹。使行人到此，千古只伤歌。事往愁多。

兵变随杨贵妃和杨国忠的死去结束了，玄宗却始终不能忘情，离开马嵬坡后，玄宗行至斜谷口，恰逢阴雨天气，在栈道之中听到铃声隔山相应，勾起了玄宗悼念杨贵妃的情思，于是模拟雨中铃声作《雨霖铃》曲，以寄托哀思。宋代词人柳永沿用了《雨霖铃》的曲牌，配上了词文，用来表达恋人分离时的不舍与惆怅，一直流传至今。

安史之乱结束后，玄宗回到宫廷中，仍对杨贵妃念念不忘，时常亲自吹响玉笛，与宫人合奏杨贵妃所作《凉州词》，动情处涕下不已。玄宗由人及曲，大力推广，唐代许多诗人都作有《凉州词》，与上层领导者的有意识推广是分不开的。

玄宗与杨贵妃的爱情故事在皇室颇为罕见，更兼时值唐帝国由盛转衰的动荡期，个人感情与国家命运紧密相连，故而引发了当时及后世文人们的关注。白居易的《长恨歌》即是铺演李杨爱情故事的成功诗作，凸显了二人爱情的真挚难得。唐人陈鸿《长恨歌传》也是讲述李杨爱情故事的作品，经历代演绎，到了元代，白朴将李杨故事搬上了戏剧舞台，剧本《唐明皇秋夜梧桐雨》常演不衰。

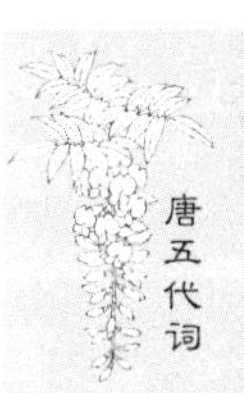

长门尽日无梳洗，何必珍珠慰寂寥
——梅妃的《一斛珠》词

在后宫佳丽三千的情况下，专宠杨贵妃，就势必会冷落其他妃嫔，梅妃江采蘋就是初时受宠，因杨贵妃而失宠的一位妃子。

梅妃是莆田人，既有才情又姿态明秀，刚入宫时甚得玄宗喜爱，当时唐帝国还是一片升平气象，玄宗时常在宫中宴请皇室宗族，每次设宴都要梅妃陪同，恩宠可见一斑。梅妃能言善语，很能讨玄宗欢心，一次玄宗与梅妃斗茶，输了之后对身边人说："梅妃真是梅精呢。吹玉笛、跳《惊鸿》舞，都能艳惊四座，就连斗茶也能赢我，哪有什么她不会的事情啊！"梅妃应声答道："斗茶只是草木游戏罢了，我也是误打误撞赢了陛下，陛下调和的是国家四海，烹饪的是社稷天下，这才是真正的万圣至尊，又岂是我等能够相比的！"玄宗听了大喜，越发喜爱梅妃，直到杨贵妃进宫，与梅妃争宠。杨贵妃心机颇深，又多妒忌，而梅妃性格柔缓，自然就在竞争中落了下风，被杨妃迁到了洛阳上阳宫居住，远离了玄宗。虽然新宠杨妃，玄宗对梅妃也未曾忘情，于是密召梅妃叙旧，说到情深处悲不自胜，就在这时杨贵妃突然到来，玄宗匆忙间将梅妃藏在夹幙间，谎称无人。杨贵妃怒气冲冲地指责玄宗贪欢不早朝，玄宗惭愧不已，却始终不敢承认夜召梅妃的事实，只在事后遣人送了翠钿给梅妃，接到翠钿的梅妃问使者："皇上是不是很讨厌我？要遗弃我？"使者答道："不是的，只是怕太真生气。"梅妃苦笑着说："怕因为怜惜我而惹恼她，不就是厌弃吗？"为了唤回玄宗的感情，梅妃也努力过，她出重金贿赂高力士，托他找位词人拟作司马相如的《长门赋》，希望挽回玄宗的情意，但高力士慑于杨贵妃的权势，不敢替梅妃做事，只说是没有人会写赋。无奈的梅妃只好自己写了《楼东赋》，杨贵妃听说之后对玄宗说这是梅妃"宣言怨望"，是在埋怨皇帝，实在是大罪一桩，应该被赐死。然而玄宗顾念旧情，并没有处罚梅妃，只是默默无语。待到番邦进贡时，依然惦念梅妃，悄悄派人送了一斛珍珠给梅妃，梅妃不受，写了一首诗回玄宗。

柳叶双眉久不描，残妆和泪污红绡。

长门尽日无梳洗，何必珍珠慰寂寥。

借用陈阿娇的典故，说失宠后的自己每日里只是和泪洗面，更无一丝心情梳洗打扮，如若不能得到心上人的怜惜和喜爱，那么身外一切事物都不能有所安慰，这一斛珍珠对于失去爱情的女子来说，没有任何意义。玄宗看到诗后，怅然不乐，命乐府因诗谱曲，定名为《一斛珠》。

玄宗、梅妃与杨贵妃的感情纠葛因安史之乱的爆发而结束，“六军不发无奈何，宛转蛾眉马前死”，杨贵妃的死去使玄宗遭受了感情的重创，同时也让他更急于在梅妃那里寻求寄托，然而梅妃也在战乱中失散，玄宗悬赏百万，四处寻访，得来的却是梅妃托梦，自称死于战乱，葬在梅树之下，玄宗命人在树下寻找，果然见到了梅妃的尸身，悲痛不已。三人这段纠结的恋情最后以红颜早逝，家国崩毁而告终。

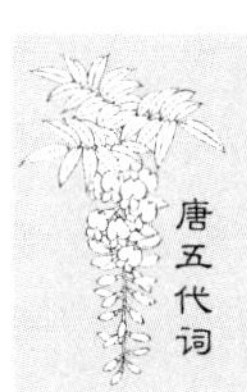

云想衣裳花想容，春风拂槛露华浓
——李白的《清平调》词

诗仙李白是中国诗歌史上与杜甫并称的巅峰人物，他才华横溢，为人任侠潇洒，也曾经纵横击剑，快意恩仇。作为唐代诗坛上最为闪耀的巨星，李白出生前就带有传奇色彩。据说他的母亲在生李白之前梦到了长庚星，也就是启明星，在中国古代，启明星又叫做“太白金星”、“太白星”，所以给这孩子起名为“白”，李白的字“太白”也是呼应而起的。李白从小就十分聪慧，十岁的时候就熟读了五经，而且小时候就曾经做梦梦到笔头生花，“妙笔生花”是文采出众的象征，李白果然不辜负这个梦境，天才横溢，文采绝代。在性格方面，李白豪情壮怀，不拘小节，诗剑纵横，任侠意气。现在有的学者出书说李白是江湖浪子，论证李白有杀过人的可能性，虽然有些夸大李白身上的江湖味，但也不是空穴来风。只是我们在这里讨论的李白，还是那个在文坛上叱咤风云的才子。

天宝初年，李白刚从家乡到达长安，还没有什么名气，为了打响旗号，他带着自己的得意之作去拜谒贺知章，当贺知章翻看李白诗作到《蜀道难》一篇时，彻底被李白的才华震撼了，他感慨道：“有这样才华的人，简直就是上天贬谪下凡的仙人啊！”两人意气相投，又都喜欢喝酒，贺知章索性拿身上佩带的金龟换酒，与李白诗酒唱和，终日相乐。李白脱俗绝伦的才华不仅博得了贺知章的赏识，还通过贺知章的举荐吸引了唐玄宗，并且被玄宗视为难得的才子，封为翰林学士。

开元年间，宫廷中刚开始流行赏木芍药，也就是牡丹，玄宗在兴庆池东面的沉香亭前种了红、紫、浅红、纯白四色牡丹。繁花盛开的时候，姹紫嫣红，临波照影，十分妖娆，夜晚来临时，月光笼罩，花色水影，更添朦胧的美感。于是在某个月夜，玄宗带着心爱的杨贵妃来赏花了，为了增添赏花的乐趣，玄宗还招来了擅长歌唱的李龟年和宫廷精心培养的梨园弟子们奏乐唱歌。面对如此良辰美景，面对人比花娇的杨贵妃，如果只听陈旧的词曲，未免有些扫兴。玄宗想起了才华出众的李白，特意命李龟年去找李白，要他立时应景作词。可李白这时候还宿醉未醒，就趁着酒兴，提笔便写了《清平调》三首词，分别是：

云想衣裳花想容，春风拂槛露华浓。
若非群玉山头见，会向瑶台月下逢。

一枝红艳露凝香，云雨巫山枉断肠。
借问汉宫谁得似？可怜飞燕倚新妆。

名花倾国两相欢，常得君王带笑看。
解释春风无限恨，沉香亭北倚阑干。

这三首词可谓应景之作的极品，美妙至极。第一首以花来比美人，而不是以美人比花，这就拟定了以美人为主的主旨。不说“云似衣裳花似容”，而是说“想”，虽然美人在眼前，却用了想象，正因是想象，才更能突出杨贵妃脱俗的美丽。“春风拂槛露华浓”，字面上是说春风吹来，美丽的牡丹花在晶莹的露水中更为娇艳，暗指玄宗对杨贵妃的宠爱使得美人更见精神。群玉山和瑶台分别是西王母和王母的居所，这两句承第一句的“想”而来，设想这样一位衣裳翩翩如同彩云，容貌娇美堪比牡丹的美人，如若不是在西王母的群玉山上遇见，就应该是在王母娘娘的瑶台相见，言外之意是说，如此盛世美景，恍如仙境。

华清出浴图

第二首是转折点，从美人回到了花，“一枝红艳露凝香”，不但描绘出了牡丹的艳丽色彩，还写出了露珠莹莹、花香盈盈的意境，随之笔锋一荡，“云雨巫山枉断肠”，借用了楚襄王

的典故，用那位让楚王念念不忘、惆怅不已的巫山神女来做对比，那朝为行云暮为雨的巫山神女，哪里抵得上现实中常伴玄宗身边，实实在在的杨贵妃呢？这是神话传说，接下来又回到了现实世界。汉、唐都是中国历史上的大一统帝国，唐人每以汉家比唐家，李白也用了以汉比唐的手法："借问汉宫谁得似，可怜飞燕倚新妆。"汉成帝宫中的赵飞燕是历史上有名的美人，这里的"倚"是美人斜倚，姿态娇懒的意思，只有这美貌绝世的赵飞燕，精心打扮后才能与杨贵妃相比，可见杨妃之美更甚于神话与历史上的美人了。

第三首是收束之作，从想象、传说和历史脱身，回到了现实，放笔直书。"名花倾国两相欢，常得君王带笑看"，牡丹国色天香，杨贵妃倾国倾城，至此正式将牡丹与美人并提，君王带笑看，是将玄宗也置身在了名花、美人之中，名花以有倾国姿容相伴而不寂寞，名花、美人又以同得君王顾盼而不寂寞，上下相承，恰到好处。"解释春风无限恨，沉香亭北倚阑干"，如此的良辰美景，美人相伴，纵使有无边的春愁，都可以化开了。

三首词作为一个整体，渲染了名花、美人的倾国倾城，恰是玄宗想要听到的应景之作，唐玄宗看了十分满意，当即令梨园弟子奏乐，李龟年展喉而歌，杨贵妃拿着玻璃七宝杯，倒上西凉州进贡的葡萄美酒，边饮酒边赏歌，不觉喜上眉梢，唐玄宗一见愈发兴起，忍不住也亲自吹起玉笛来助兴，每到曲终之际，都要延长乐曲，重复演奏，尽兴方止。杨贵妃饮罢美酒，听完妙曲，遂款款下拜，向唐玄宗深表谢意，由此可见，词作中对君王、美人的关系也表述得十分贴切和巧妙。

然而就是这样美好的词作，终究也变成了高力士打击报复李白脱靴之辱的工具，当杨贵妃无意间再度吟唱时，高力士挑拨说，李白用赵飞燕来比贵妃，完全是在羞辱贵妃，因为赵飞燕是以美貌迷惑汉成帝，为祸后宫的。杨贵妃深以为然，从此记恨李白，导致玄宗虽然有意提拔李白，却始终被后宫所阻挠，李白终其一生未得重用，竟是得也诗才，失也诗才。

西风残照，汉家陵阙
——李白的《菩萨蛮》和《忆秦娥》词

李白另外两首脍炙人口的词作分别是《菩萨蛮》和《忆秦娥》，先来看《菩萨蛮》：

平林漠漠烟如织，寒山一带伤心碧。暝色入高楼，有人楼上愁。　玉阶空伫立，宿鸟归飞急。何处是归程，长亭更短亭。

《菩萨蛮》的词牌得名于女蛮国，这是传说中依附于唐朝的一个小国，当时给唐王朝进贡双龙犀、明霞锦，送贡品来的使者梳着高高的发髻，戴着金冠，身披璎珞，很像当时的菩萨造型，又来自女蛮国，所以被称为"菩萨蛮队"。唐代的乐师们就据此创制了《菩萨蛮》。李白的这首《菩萨蛮》写的是望远怀人。登高远眺，极目平林，林外寒山一碧，这是高楼所见；人在高楼，见归鸟投林，却不见人归来，是空劳伫立；结句"长亭更短亭"，是归程越盼越远，离愁永无尽头。整篇古致遥情，意境苍凉壮阔，是传诵至今的佳作。

太白楼

另一首《忆秦娥》也是备受后人推崇的：

箫声咽。秦娥梦断秦楼月。秦楼月。年年柳色，灞陵伤别。

乐游原上清秋节。咸阳古道音尘绝。音尘绝。西风残照，汉家陵阙。

秦楼是秦穆公为其女弄玉所建之楼，亦名凤楼。相传秦穆公的女儿弄玉喜好音乐。萧史擅长吹箫，箫声和凤凰的鸣叫声一样。秦穆公将弄玉嫁给了萧史，专门为他们建造凤楼。二人在楼上吹箫，引来了凤凰，二人乘凤飞升而去。萧史和弄玉相伴吹箫的秦楼曾引起多少人的艳羡，可又有谁知道，今日的秦楼月已是灞陵伤别的月色了。下阕写乐游原，汉时乐游原极为繁盛，到今朝古道音尘已绝，只见淡风斜日，映照汉家陵阙而已。词作借秦女箫声引出的闺怨和离情抒发伤离感旧之情，凄婉流丽，气象雄浑。

这两首词的作者归属曾经引发过争议，宋代黄昇的《唐宋诸贤绝妙词选》称"李白《菩萨蛮》、《忆秦娥》二词为百代词曲之祖"，不仅肯定了这两首词都是李白所作，还将首创之功归于李白。明代胡应麟的《少室山房笔丛》则认为李白在当时以风雅自任，多作古体诗，就连当时流行的七言律诗都不太写，又怎么会写小词呢？而且《菩萨蛮》词牌是晚唐才出现的，李白生活的时代根本就没有这个词牌，又怎么会写出《菩萨蛮》词呢？况周颐的《蕙风词话》针对胡应麟的说法提出了反驳，称早在崔令钦的《教坊记》中已经可以见到《菩萨蛮》词牌，据考证，崔令钦生活在唐睿宗、玄宗时期，《教坊记》的记载是从开元初年开始的，由此可以判定，《菩萨蛮》词牌早在开元时期就已经存在，李白用这个词牌作词也是很正常的，不能据此称这首词是伪作。李白不写小词的说法更是站不住脚，诸如《菩萨蛮》等乐曲都是由域外传入的，自隋至唐，逐渐流传开来，李白天才横溢，偶尔听到新传入的曲子，兴致所到，作词填曲，也不是不可能的。何况这两首词作气势天成，奔放纵溢，与李白诗风相近，勉强归为伪作也很难取信于人。

关于词作作者的争议没有定论，但这并不影响我们从艺术性角度来欣赏这两首词，更不会影响作品本身的价值与意义。

金步摇，玉条脱
——温庭筠捷对诗词

如果可以用才华横溢，天资出众，思维敏捷，出口成章等等词语来形容一位词人，那么这个人就非温庭筠莫属了。据说温庭筠不论参加什么考试，或者拿到什么题目，都不需要提前考虑或者打什么草稿，只要双手一交叉，就能写出一句，一般情况下，诗赋要求八韵，他只要叉手八次就可以写出完整的一篇了，所以人称“温八叉”。这种功力可不是谁都能学到的，古有曹植七步成诗，可那是性命攸关之时，不能完全排除急中生智的可能性，温庭筠却是发挥十分稳定，只要作诗赋，基本都是须臾即成，如果不用“天才”来形容，似乎有些对不起这位与众不同的词人。

天才往往分为两种，一种是一心向学，平日里没有什么消遣活动，只是埋头在书堆里，不依靠自己的聪明才智做出让世人惊叹的成绩誓不罢休；还有一种就是恃才狂傲，因为有着惊世才华，便放浪形骸，罔顾种种规矩约束，活得自我，也活得放肆。温庭筠属于后一种天才，虽然才华横溢，却很少注意自己的言行举止，颇为世人所诟病，也从某种意义上耽误了自己的前途。年少的温庭筠刚通过乡试，在江淮一带游历，姚勗很赏识他的才气，时常从经济上支持他。但是温庭筠并没有把这些钱用在读书进修上，而是饮酒作乐，都花在了歪门邪道上，姚勗发现之后十分生气，大怒之下鞭打了温庭筠并把他赶了出去，温庭筠也因此没有中第。公平地说，这件事姚勗做得有些过分，但也是出于恨铁不成钢，并不是完全不近人情，可是温庭筠的姐姐为此记恨上了姚勗，认为温庭筠没能中第，完

温庭筠像

全是姚勖的责任。偶然一次，姚勖去温庭筠姐姐家做客，临走时姐姐发现来人是姚勖，上前拉住他的袖子便大哭起来，姚勖又惊又吓，完全不明所以，过了好一会，温氏才说："我弟弟年龄小不懂事，喜欢游玩享乐也是人之常情，你为什么要鞭打他，他现在一无所成，都是因为你的缘故！"说完又是一阵大哭，姚勖经过温氏这样大闹，回去之后连气带恼，竟然生了一场大病去世了。

温庭筠的不在意德行不仅仅表现在不拘小节、恣意游乐上，恃才狂傲、目中无人也是温庭筠人品上的瑕疵，并且为他带来了仕途上的阻碍。唐宣宗喜欢文学，自己时不时会写些诗词，有一次写诗的时候上句用了"金步摇"，一时之间找不到可以对得上的下句，就让没考上进士的学生对，温庭筠也在这些人中，当即便以"玉条脱"对上了宣宗的"金步摇"，一金一玉，镯子对佩饰，十分工整妥帖。宣宗很是欢喜，便将温庭筠按进士对待。按理说，这是相当难得的机会，如果把握得好，完全可以在皇帝的赏识下飞黄腾达，可温庭筠偏偏犯了恃才狂傲的错误，犯错的对象竟然是当朝相国令狐绹。

牛头鹿形金步摇

令狐绹与温庭筠可以说是老朋友了，二人交往也是由温庭筠的才情开始的。宣宗喜欢诗词，令狐绹很想写一些小词献给宣宗，可自己又实在不擅长这种文体，于是就想起了温庭筠，特意请温庭筠来家中做客，让温庭筠替自己写几首词，温庭筠答应得很爽快，大笔一挥，写成了几首香秾绮丽的《菩萨蛮》，令狐绹一面高兴，一面不忘嘱咐温庭筠，切勿向别人说出真相，一定要说这几首词就是令狐绹所作，温庭筠也很干脆地答应了。令狐绹拿着《菩萨蛮》献给宣宗，果然博得了宣宗的喜爱，甚至专门找来宫廷乐师，专门为这几首词谱了新的曲子，时常欣赏。可温庭筠文人天性，生来就不是什么严谨的人，和朋友聚会时难免自我吹嘘，无意间就把替令狐绹写词的事说了出来，洋洋得意地自夸说皇帝很喜欢的那些词本来就是他写的，令狐绹只是顶了虚名而已。这些话很快就传到了令狐绹那里，使得令狐绹很没面子，也认为温庭筠是个做事浮夸，不守诺言的人，心里就有了芥蒂。

这次温庭筠得到皇帝赏识，实在是意外的好机会，如果再能得到相国推荐，那真是前途无量，令狐绹虽然对温庭筠有些看法，倒也不至于耽误他的前途。可就在这时，令狐绹一时好奇，问温庭筠这“玉条脱”是出自哪里的典故，温庭筠竟然狂傲地回答说：“就出自《南华真经》，这可不是什么偏僻的典故，也不是什么难得的书籍，相国啊，你平时公务之余，还是要多读些书呀！”这是摆明了嘲笑堂堂相国不学无术，话一说出口就彻底激怒了令狐绹，也彻底断送了自己的前途。后来温庭筠也意识到了自己一时莽撞带来的严重后果，在诗中悔恨道：“悔读《南华》第二篇。”

此情谁得知

——温庭筠的《菩萨蛮》词

失之桑榆,收之东隅。温庭筠薄于德行,终身在仕途上无所作为,转而将一腔才华用在写诗作词上,为我们留下了许多脍炙人口的佳作,比如他替令狐绹写的一系列《菩萨蛮》,以一位女子想念久别的恋人,思之不见而入梦为主题,分别写了梦前、梦中、梦后的情事,一首小词就像一篇完整的故事,将闺中思妇的情怀历历如绘地展现在读者眼前。

小山重叠金明灭,鬓云欲度香腮雪。懒起画蛾眉,弄妆梳洗迟。　照花前后镜,花面交相映。新帖绣罗襦,双双金鹧鸪。

这首词中的女子刚从梦中醒来。女子散乱的鬓发斜斜掠过腮边,越发显得肌肤如雪般晶莹洁白,这样一位美丽的女子,此时却是迟迟不愿从梦到心上人的梦境中醒来,更懒得梳妆打扮,直到天光大亮,阳光透过屏风若隐若现地照进室内,她才慵懒地起身梳洗。下片写女子梳洗停当,在头上簪上鲜花作为装饰,人面与鲜花交相呼应,更显艳丽。然而就在女主人公梳妆完毕,换上了新的绣罗裙时,忽然看到了裙上绣的一对对金鹧鸪,又勾起了心中的孤独忧伤,女为悦己者容,如今颜色盛放,却无人欣赏,别是一般伤悲。

杏花含露团香雪,绿杨陌上多离别。灯在月胧明,觉来闻晓莺。　玉钩褰翠幕,妆浅旧眉薄。春梦正关情,镜中蝉鬓轻。

这首词写的是女主人公与恋人分离,夜晚梦到了恋人,半梦半醒之间灯月朦胧,流莺婉转。醒来后的女主人公回忆梦境,恋恋不舍,对镜梳妆之时犹在相思。

宝函钿雀金鸂鶒,沉香阁上吴山碧。杨柳又如丝,驿桥春雨时。　　画楼音信断，芳草江南岸。鸾镜与花枝，此情谁得知？

这首词起句写妆饰之美，接下来写登临所见春山之美，杨柳春雨承接春山，写春日柳色水色之美。女主人公晨起梳洗打扮后登临远眺，触目所见春山春水，勾起了对远人的思念。下片写人去楼空，音信断绝，美景也罢美人也罢，无人欣赏，只能独处，凄凉孤寂，其中的幽怨之情又有何人了解？

虽然只是几十字的小词，温庭筠却在其中塑造了生动逼真的女性形象。相思中的女主人公梳洗打扮、外出游玩、登临远眺、归来入梦，无论何时何地，都沉浸在对故人和往事的回忆中。温庭筠的十四首《菩萨蛮》连在一起，讲述了女主人公生活中的一段故事，情态逼真，引人遐想。因此，得到宣宗的喜爱，也是意料之中的。

斜风细雨不须归
——张志和词中的隐逸情怀

传统意义上的中国古代文人大多秉持儒家思想，有强烈的济世救民的愿望，渴望通过帝王赏识谋求官职，从而实现自己的人生理想，只有百般努力却没有收获的时候，才会选择隐逸田园，终老此生。尤其是在唐朝这样一个强盛又相对开明的时期，文人士子们大多积极入仕，而且唐代统治者也提供了多种取得功名的途径，无论是从军边塞获取军功，还是暂隐终南谋得贤名，都可以被朝廷重用，就是传统的科举考试，也可以提前拿着自己的得意之作拜谒权贵，好在正式考试之时得到照拂。在如此浓厚的入仕风潮下，已经有了功名，得到了皇帝赏识，却又毅然遁世的张志和便显得与众不同了。

张志和生活在唐肃宗年间，生性喜好山水，时常酒酣之时，击歌吹笛，舞笔飞墨，歌诗应节而成。张志和在肃宗朝曾官至左金吾卫录事参军，肃宗很赏识他的才华，命他待诏翰林，又下诏将他的名字由“龟龄”改为“志和”，足见对其关切有加。但张志和并不以得皇帝赏识为契机谋取高职，而是以亲丧为由，辞去官职，从此不复入仕，居于江湖之中，自号“烟波钓徒”。肃宗特意赐给他奴婢各一人，张志和做主将二人配为夫妻，并且分别起名为“渔童”、“樵青”，从此放浪江湖。唐代宗李豫大历七年（772）秋九月，他曾拜谒著名书法家、当时的湖州刺史颜真卿，拜谒原因竟然是他的小船太过于破旧，请颜真卿资助他换艘船，率真性情可见一斑。颜真卿平日就很钦佩张志和的词画之才，又喜欢他淡泊隐居的情怀，欣然应允，并在张志和死后，为他作了《浪迹先生玄真子张

张志和像

志和公碑铭》。张志和多才多艺，歌词、书画、击鼓、吹笛无不精通，善于吸取多方面的艺术营养为自己所用。颜真卿曾赞誉他，为政“高才远识”，为学“博学能文”，“今古无伦”（《浪迹先生玄真子张志和碑铭》）。

张志和的《渔歌子》（又名《渔父》）共五首，写的都是作者泛三江游五湖的渔钓之乐。词人借渔钓生活寄情，词中的渔父，实际上是一位遁迹江湖、怡情山水的隐士。因此那潇洒的韵致、淡远的情趣总能拨动历代失意文人的心弦。关于张志和《渔歌子》的总体风格可以用胡震亨称道王维时的两句话概括：“以淳古淡泊之音，写山林闲适之趣。”（《唐音癸签》）张志和的其余四首词，很少出现在人们视野中，都被第一首的声名所掩，换句话说，张志和一生之功业也罢，其他建树也罢，人多不知，他竟是由这一首小词名传千古的。

西塞山前白鹭飞，桃花流水鳜鱼肥。青箬笠，绿蓑衣，斜风细雨不须归。

在这首词中词人潇洒出尘的淡逸情怀不是直接道出，而是寄情于景，景中显情，以画入词，画面溢情。全词开头两句以自然淡雅的景物来烘托心境。“西塞山前白鹭飞，桃花流水鳜鱼肥。”读者看到这两句词，就可以想见一幅清新自然，怡人情怀的画图：青山耸立，白鹭游弋，桃花含苞，流水潺潺，鳜鱼戏水。两句词中，词人写了五种景物：山立、鸟飞、鱼游、水流、花摇，静中有动，动中有静，自然和谐，色彩雅淡。词人似一个出色的画家，在仅十四字的画面中，就有青（山）、白（鹭）、红（桃）、绿（水）、青黄（鱼）五彩，在词人的匠心安排下，浓淡相宜，情趣引人。

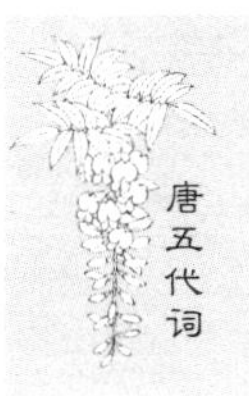

就在这清丽怡人的背景中，一位烟波钓徒，头戴青色竹斗笠，身披绿蓑衣，在斜风细雨中，驾一叶扁舟，泊于青山绿水之间，渔钩悬垂万古情。词人锐敏地抓住“青箬笠，绿蓑衣”这一渔父特有的衣着特点，用十分简洁的笔法勾勒出一位渔者的形象。那“箬笠”之青，“蓑衣”之绿，更在互为烘托的静态结构中，通过青绿颜色的渲染，突出了特定人物在特定环境中的特定心情，渔父被眼前清新温润的景色所吸引，产生了自然、淳朴的意趣和不愿离开这个魅人亦复宜人的境界的深情。对于这首词抒发的隐逸情怀，人们评价不一，有人说，隐于山水是对喧嚣人世的逃避或不满；也有人说是渔父对生活的美的执著。实际上，这二者并不矛盾，人生有为有不为，词中的隐逸情致，正是对人世有所回避之中，对人生的执著追求。对此，吴调公先生分析道：

你看，“斜风细雨不须归”，对渔父说来，不正是他对美的发现、美的执著么？在斜风细雨中，渔父体验到鹭鸶的飞翔更为飘逸，漂流在水中的桃花瓣更为鲜妍。在这优美的环境中垂钓，渔父的心情，就不止是为美陶醉，而且还为当前的优美画境而坚定了意志，不仅是“不思归”，而且更进一步作出诉诸审美判断形式的“不须归”了。……隐伏在西塞山前空间结构背后的时间潜流，悠悠地但终于又深稳有力地荡漾着感情波澜。……充溢着一位自号为“烟波钓徒”的胸中丘壑了。（《唐宋词鉴赏辞典》）

赠稼轩山水图轴

曾看到一篇抒情散文中写道，一个人如果能在春雨潇潇、秋雨淅沥中，撑一把雨伞散步，去透视人生，一定是一位心灵世界丰富，极有情趣的人。我不知道，那位作者是否在这里受到了启示。

对于这首词的艺术特点，人们几乎众口一词地肯定了它写景如画、以静衬动、以景托人的特点。在那江南春江垂钓图中，突出的是一位从容自适的渔父形象。但对于“画幅”的风格，人们的看法却不一致，有论者以为应是“浓淡相宜，色泽艳丽”（徐育民《唐五代词评析》），“或是斑斓之色上下映照”。（《唐五代词鉴赏辞典》）但反复欣赏作品自然淳美的光彩，回味那淡怀逸致的特有美感，我还是感到吴调公先生的评价较为确切，因为这是一幅“烟波钓徒”——一个隐者的诗中之画。正因为此，“……就不同于唐代著名画家大、小李将军的青绿重彩，以及其中所显示的那种帝王宗室的富贵堂皇气派”。张志和这幅“烟波垂钓图”，显然是另一路，属于王维一派，是泼墨画，是写景画。画中景物无不有水墨淋漓之意。……人、花、鱼、鹭，一切都被斜风细雨所笼罩。天地万物各自消失了他们的边际而成为浑然整体。这使我们想到古代文人画的水墨晕染，特别是宋代大小米（米芾、米友仁）的那派取自潇湘的云水烟树的技法。为了示意绝尘脱俗，所以作者特地给安排了这个渔父，“襟度洒落，望之飘然”（刘学箕《方是闲居士小稿》）。而为了表示自己的率性归真，寄情缥缈，则又把整个画面，建构为“斜风细雨”的审美内涵，归

于平淡二字。林泉高致要淡，向万物"回归的人要淡，因忤世、傲世而避世的张志和自然也要淡"。这首渔父中的整个人物和事物，按照美学的"先定默契"来说，作为点景人物的传神之笔，既然已经透露出"烟波钓徒"的隐逸基调，那么人们在目击到鹭飞、花漂、鱼游，以至整个画幅时，自然也就更容易对之萌发出"同化"作用，不仅走进"平淡"的境界，更能"于平淡中求真味"（王士祯《师友诗传录》）。也许有人要问，诗中不是也夹有鲜艳的颜色么？可是别忘记，"青"哟，"绿"哟，它们都已经在斜风细雨中被吹被淋，色彩变淡了。"桃花"，也早已飘落水中，一切都淡。至于通篇音节的自然、简短、随和、淳朴，它们恰恰体现了作者平易近人的情调，并与作品的"淡"糅合起来，而汇归为"平淡"的风格。无意雕琢，情趣更深。可再定睛一望，却又不止忘归，甚至忘却了"钓徒"的自我，这真是司空图所说的"遇之非深，即之愈稀"（《诗品·冲淡》）了。

总的来说，诗人的情怀和作品的声情是一致的，那就是一切归于"平淡"。张志和经历了人生的辉煌和坎坷之后，心境趋于平和，这首词的"平淡"，也是绚烂之极才归于平淡，因而淡而弥漫，平淡而山高水长，引起人们极大的欣赏情趣。

隐逸者是历代文人学士生活在这无奈的世界上的理想。有人总结了一下，历代的隐逸一共有四种，一是朝隐，隐于朝，既不放弃做官，又追求一种特定心境（白居易）；二是隐于山林，这中间又分为两类，其一把隐逸作为终南之捷径，所谓身在江湖之上，心存魏阙之下，只是借隐逸山林谋取声名，等待机会；其二是经历人生苦痛之后，避隐山林；三是隐于妓者，在风花雪月中麻醉自己，或者说寻求自己的知音理想；四是隐于酒者，如历代的酒仙，借酒以麻醉自己。

但无论何种隐遁方式，都仅仅是一种理想，正如鲁迅所说，生在地上要上天，作为人类要成仙，只是一种空想。但也正因为尘世的痛苦与无奈，即使是空幻的理想，也具有相当的吸引力。所以张志和的生存方式和他的词在当时及后世都产生了极大的影响。

《词林纪事》引《西吴记》说："志和有《渔父词》，刺史颜真卿与陆鸿渐、徐士衡、李成矩，递相唱和。"这些唱和之作后来编成一本唱和集，这是文人词中最早的一本唱和集，说明当时文人填词的风气已相当流行。这首寓寄了隐逸思想的词作，连位高九重的皇帝也十分喜爱，"李德裕元真子渔歌记：德裕顷在内庭，伏睹宪宗皇帝写真访求元真子渔歌，叹不能致。余世与元真子有旧，早闻其名，又感明主赏异爱才，见思如此，每梦想遗迹，今乃获之，如遇良宝。呜呼！渔父贤而名隐，鸱夷智而功高。若无真隐而名彰，显而无事。其严光之比欤！处二子之间，

诚有裕矣。"(《词林纪事》卷一)

张松龄担心弟弟放浪江湖,忘记家人,于是不仅为他修筑居所,还写了一首《渔父》词与张志和唱和:"乐是风波钓是闲,草堂松桧已胜攀。太湖水,洞庭山,狂风浪起且需还。"闲云野鹤般的垂钓生活固然逍遥快活,也应时时想起家中庭院里所植草木已亭亭堪赏。何况江湖时有风波,狂风浪起之时,家庭才是平静的避风港。松龄此词劝弟存留归家之心,与志和的《渔父》词句句对应。有"斜风细雨不须归",才有"狂风浪起且需还",做弟弟的一心悠游于江湖之中,纵然有些许风雨,也自在不须归,为兄长的却是一心记挂弟弟,不愿他抛家弃舍,时时告诫江湖风险,望其早归家。比之张志和的《渔父》,松龄的这首唱和词虽然也有渔父生活的写照,但更多的是对弟弟的忧心和劝告,充溢着兄弟情怀,已偏离了"渔父"词名。《罗湖野录》说:"张松龄以《渔歌子》招其弟志和。"较之其弟之作,立意相反,劝其弟"不如归去";写景不同,太湖洞庭,狂风巨浪,较之"桃花流水","斜风细雨",情味自是不同。境为情设,其措意还是兄弟手足之情,故而殷殷相招。

苏轼极喜爱这首词,时常吟诵,又觉得不能像宋词一样配乐歌唱十分可惜,便用了《渔父》的诗意和句子,稍加改动,填了一首《浣溪沙》:

西塞山前白鹭飞,散花洲外片帆微。桃花流水鳜鱼肥。　自蔽一身青箬笠,相随到处绿蓑衣。斜风细雨不须归。

他的学生黄庭坚看到了这首词,也写了一首词来和:

新妇矶头眉黛愁,女儿浦口眼波秋。惊鱼错认月沉钩。　青箬笠前无限事,绿蓑衣底一时休。斜风细雨转船头。

我很欣赏词中"青箬笠前无限事,绿蓑衣底一时休",委婉而又含蓄地道出了渔父之所以归隐的无奈。《东坡题跋》中说:"鲁直作此词,清新婉丽。问其得意处,自言以水光山色,替却玉肌花貌,此乃真得渔父家风也。然才出新妇矶,便入女儿浦,此渔父无乃太澜浪乎。"

苏东坡滑稽,他以幽默的口吻,批评了黄庭坚词多儿女私情,以山光水色替代玉肌花貌的不易。但对黄庭坚来说,他不仅难以忘却玉肌花貌,更难忘记人生坎坷，其《鹧鸪天》词又写道：

西赛山前白鹭飞，桃花流水鳜鱼肥。朝廷尚觅元真子，何处于今更有诗。　青箬笠，绿蓑衣，斜风细雨不须归。人间欲避风波险，一日风波十二时。

张志和在《渔父》词里描绘出了清淡美好，超然世外的隐逸之乐，而这种平静安逸的生活是纠缠于世俗名利争斗中的人们所深深向往却终不可得的，尤其是身处官场的文人们，大多对闲隐生活有着向往之情，又不能舍弃现实中的种种牵绊，只能在《渔父》词中找到一丝出世的平静。正因如此，后世文人多有和《渔父》词的作品传世，除了苏轼和黄庭坚外，还有顾况的《渔父词》，“新妇矶边月明，女儿浦口潮平。沙头鹭宿鱼惊”。

黄庭坚的外甥徐俯以苏、黄词为据，写了《浣溪沙》和《鹧鸪天》各两首：

西塞山前白鹭飞，桃花流水鳜鱼肥，一波才动一波随。　黄帽岂如青箬笠，羊裘何似绿蓑衣。斜风细雨不须归。

新妇矶边秋月明，女儿浦口晚潮平。沙头鹭宿戏鱼惊。　青箬笠前明此事，绿蓑衣里度平生。斜风细雨小舟轻。

西塞山前白鹭飞，桃花流水鳜鱼肥。朝廷若觅元真子，横在长江理钓丝。　青箬笠，绿蓑衣。斜风细雨不须归。浮云万里烟波客，唯有沧浪孺子知。

七泽三湘碧草连，洞庭江汉水如天。朝廷若觅元真子，不在江边即酒边。　明月棹，夕阳船。鲈鱼恰似镜中悬。丝纶钓饵都收却，八字山前听雨眠。

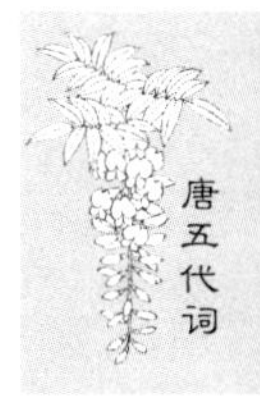

这几首词将苏、黄词中隐隐透露出的身不由己、心羡江湖的意趣表达得更为明了，虽然没有了张志和原词飘逸的美感，却更能道出《渔父》词带给后人的感悟和向往。

清代刘熙载的《艺概·词曲概》曾高度评价张志和此词：

张志和《渔歌子》“西塞山前白鹭飞”一阕，风流千古。东坡尝以其成句用入《鹧鸪天》，又用于《浣溪沙》，然其所足成之句，犹未若原词之妙通造化也。

评价是公允的。一首小词，能在后世引起如此广泛的影响，殊不多见，除了封建时代士大夫们思想情趣的相通之外，主要还在于其自然神妙的艺术魅力。

长恨人心不如水，等闲平地起波澜
——刘禹锡的贬谪词

作为唐代著名的文学家，刘禹锡有一个复杂的籍贯和经历。他是匈奴族的后裔，祖上随魏孝文帝迁都而到了洛阳，才开始使用汉姓，应该说，这一支刘姓家族是从洛阳开始扎根散叶的，那么就应该说祖籍河南。可刘禹锡本人相当重视迁往洛阳前的家族传承，他自称是汉景帝与贾夫人所生的儿子刘胜的后代，刘胜在汉代被封为“中山靖王”，刘禹锡据此认定自己的祖籍应该是在中山，也就是现在的河北定州。当然了，这种说法因为追溯太远，中山靖王又是皇族，而被后人认为有攀附名人的嫌疑。但是中国传统文人大多喜欢追溯自己的家族渊源，更愿意给自己一个显赫的出身，屈原就在《离骚》的开篇中陈述自己是“帝高阳之苗裔兮，朕皇考曰伯庸”，直接将自己视作高阳的后裔，颇有些以此为荣的意味。在这样的传统下，刘禹锡将自己的家族追溯到刘胜，其实是可以理解，也十分正常的。不论是河南还是河北，都只是刘禹锡的祖籍，而不是他的出生地，因为他的父亲刘绪在安史之乱的动荡中，为了家人的安全，将全家都搬到了浙江嘉兴，刘禹锡就出生在这里。江南是个人杰地灵的好地方，刘禹锡自幼生活在这里，熟读儒家经典，通晓诸子百家，还曾经跟随著名的诗僧皎然学习吟诗。生活环境的熏陶，再加上本身勤于向学，给刘禹锡日后成为大文学家打下了坚实的基础，更让他对江南留下了美好的印象，尽管自从十九岁游学长安后他就很少有机会回到江南，但却始终对江南恋恋不已，甚至自称“江南客”，来强调自己与江南的联系。

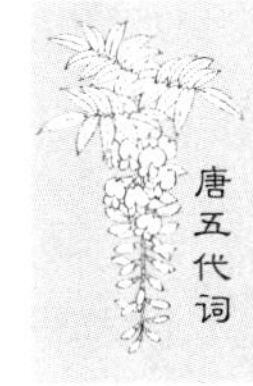

平心而论，刘禹锡进入仕途的过程是较为顺利的，他在贞元七年游学长安，贞元九年就和柳宗元一起考上了进士，贞元十一年吏部招人，刘禹锡又一次成功入选，被授予太子校书的职位，从此正式踏入仕途。这比起挣扎在社会底层长达五十年的高适，比起一生都没能实现理想的杜甫，真是幸运了不知多少倍，完全可以称得上是少年得志了。良好的家庭教育，顺利的事业开端，让这时的刘禹锡意气风发，一心想要在政治上有所作为，要为国为民做出一番事业。在《华山歌》里，他称自己的愿望是：“能令下国人，一见换神骨。高山固无限，如此方为岳。丈夫无特达，虽贵犹碌碌。”在刘禹锡看来，单纯的取得功名，享受荣华富贵不是他的追求，他想要的是做出影响国家，震撼民众的大事业。在这种思想的指引下，他积极参与各种政治活动。唐王朝以安史之乱为界限，由盛转衰，刘禹锡生活的年代正是安史之乱结束后，各种弊端逐步露出端倪，社会矛盾趋于尖锐的时候，在朝廷政治而言，则是宦官专权，藩镇割据。刘禹锡在参加各种政治活动的过程中，清楚地看到了这些弊端，并且渴望通过政治革新改变现状，造福社稷，也能让自己做出一番事业，留名千古。恰好在这个时候，唐德宗去世，顺宗即位，这位新上任的皇帝也对当前的政治形势表示了不满，并且在一干力主革新的大臣拥护下热血沸腾地准备革除弊政，重现盛世。于是轰轰烈烈的永贞革新就在王叔文、柳宗元和刘禹锡等人的大力推进下开始了。但是历史上的政治变革，从来都不是哪一位皇帝心血来潮一声令下，或者是哪几位抱着美好愿望的政治人物挥挥手就能够实现的，它需要克服太多的阻力，解决太多的问题，尤其是在积重难返的盛世末年，阻力就更为明显。贞元革新针对的是宦官和藩镇，所以改革一开始就遭到了这两方势力的极大反对，如果有足够强大的皇权，也许可以镇压反对的势力，但唐王朝的皇权在安史之乱中已经被削弱了很多，根本无力应对改革中的反对派，贞元革新很快就以失败告终了。这次失败的革新代价极其惨痛，甚至影响到了皇权的更替，在强大的压力下，顺宗被迫退位，宪宗即位。连皇帝都要因为政治变革的失败而被迫下台，那么其他大臣就更不用说了，领头的王叔文自然被赐死，其他的主要参与者也都纷纷被贬。刘禹锡被贬为连州刺史，还没有到任就又被贬到了朗州任司马，也就是现在的湖南常德，和他一起被贬为司马的一共有八人，史称“八司马”。如果仅仅是贬谪，也还在意料之中，可在贬谪途中一贬再贬，这对人的心理打击是加倍的，何况宪宗还下令，说这一批被贬谪的官员们，就算以后碰上国家庆典之类大赦天下的机会，也不能享受赦免，将回朝的希望降到了最低。这一贬就是漫长的二十二年，中间经历了回朝、再贬，陆续任连州刺史、夔州刺史、和州刺史。直到宝历二年，刘禹锡才回到洛阳，结束贬谪生涯。

刘禹锡自从永贞元年（805 年）因参加王叔文集团的“永贞革新”被贬为朗州司马之后，一直到宝历二年（826 年）才被召回朝。用他自己的诗句来说，便是“巴山楚水凄凉地，二十三年弃置身。”（《酬乐天扬州初逢席上见赠》）命运捉弄了他，但也给予他丰厚的馈赠。吴乔在《围炉诗话》中说：“梦得佳作，多在朗、连、夔、和时。”在这期间，刘禹锡写下了大量的饱含哲理和激情的诗歌，同时也与竹枝词等当地民歌结下了不解之缘。

“竹枝词”是流行于古三峡地域的一种民歌，它含思婉转，清韵悠远，音调和谐，明朗欢快。人们在劳作之余，成群结队在江边、堤畔吹笛击鼓，边唱边舞，抒发内心的感情，驱散一天的疲劳，是当地人民最喜爱的一种娱乐方式。

刘禹锡在朗州时，经常见到这种场面，极为欣赏。据《新唐书·刘禹锡传》以及他自己写的《竹枝词引》，他在朗州时经常看到乡间百姓联唱竹枝，有人唱，有人吹短笛，有人击鼓和节拍。唱的人还边唱边扬起衣袖起舞，称赞唱得最多的为能人。听听竹枝词的乐曲，符合黄钟宫中的羽声，结尾部分乐音激切好像吴地的民歌，虽然唱词杂乱，分辩不清，但音乐跌宕婉转，犹如卫地的民歌一样动听。同时，刘禹锡又受到当年屈原创作《九歌》的启发，“昔屈原居沅湘间，其民迎神，词多鄙陋，乃作《九歌》，到于今荆楚歌舞之。故余亦作《竹枝》九篇，俾善歌者扬之，……”（《竹枝词引》）一方面学习民间竹枝词的优长，另一方面又利用自己的思想和文学修养提高竹枝词的审美境界，先后创作了《竹枝词九首并序》、《竹枝词二首》，在中唐诗坛上别开生面，并对后世产生了深远的影响。

在刘禹锡的词作中，最引人注目的是他经历了宦海风波，人世坎坷之后，抒发个人感慨的作品。从满怀理想抱负到凄惶被贬，刘禹锡经历了人生的巨变，种种感慨失落郁结心中，却不能直言哀怨，以免遭受更大的打击。他把改革失败的愤懑，理想落空的失望，被贬荒远之地的哀愁都写在了歌词中。

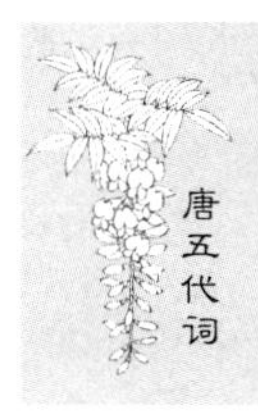

贬谪，对中国古代士大夫来说，意味着漫长的煎熬，这煎熬不仅仅来源于环境的艰苦，更来源于内心不能实现抱负的失望，在远离皇权、远离政治中心的地方，他们思念家乡，更思念曾经有过的理想抱负：“白帝城头春草生，白盐山下蜀江清。南人上来歌一曲，北人莫上动乡情。”白帝城头，白盐山下，一样的地点，带给人们的是截然不同的心理体验，南人到此，是离家乡越来越近，欢喜而歌；自北方被贬谪至此的北人到了这里，则意味着离家乡越来越远，只能触动无尽的思乡之情。与乡情同时萌生的，是无尽的愁绪：“巫峡苍苍烟雨时，清猿啼在最高枝。个里愁人肠自断，由来不是此声悲。”烟雨蒙蒙的巫峡，原本是美景无限的，但对于身在贬所的刘禹锡来说，此时根本无心欣赏景色，偶尔听到林间猿声响起，愁肠百转，忧从中来，这忧愁来自于对自身境遇的无奈，来自于满腔抱负的落空，所以他直接说道，愁人肠自断，不是因为猿声悲哀。

改革的失败，很大程度上源自于反对派的阻挠，这也让刘禹锡深深认识到人心的险恶，其《竹枝词》第七首写道：

瞿塘嘈嘈十二滩，此中道路古来难。
长恨人心不如水，等闲平地起波澜。

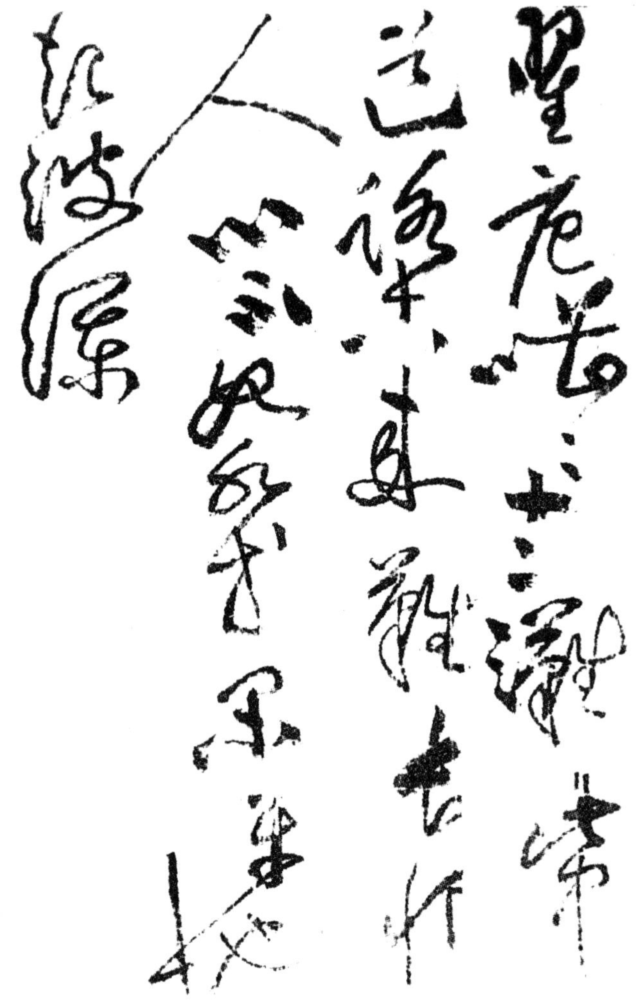

书　法

瞿塘峡是三峡中最险恶的一个峡，水流湍急，险滩极多，行舟其中，常有舟覆人亡之险，白居易《初入峡有感》对此曾有过详尽的描写：

上有万仞山，下有千丈水。苍苍两崖间，阔狭容一苇。

瞿塘呀直泻，滟滪屹中峙。未夜黑岩昏，无风白浪险。

大石如刀剑，小石如牙齿……

从而发出了“瞿塘天下险”(《夜入瞿塘》)的感叹。刘禹锡的词重在抒发个人对人情世态的感慨。所以用总括之笔写瞿塘之险——“瞿塘嘈嘈十二滩”，道路之险尽括其中，笔力极健。“此中道路古来难”则承上启下，既写瞿塘行舟之险，又写人世行路之难，一笔两写，转折十分自然。“长恨人心不如水，等闲平地起波澜”二句是对社会政治，特别是险恶的人情世态的抨击，刘禹锡在政治生活中横遭权贵们的诬陷和打击迫害，数度被贬，时间长达二十余年之久，“长恨复长恨，裁作短歌行”(《辛词》)，这“长恨”二字，展示出词人心中无比的愤慨与痛苦。周珽等在《删补唐诗选脉笺释会通评林》卷五十七中说：

水性本平，瞿塘险恶搏激，致使波澜卷起。人心无故，常含翻覆不测，是人心不如水也。简易君子，安得不恨！

这段评论对刘禹锡的词作把握得很准确，水本身是平静的，因为地势险恶才导致波澜卷起，人心本身莫测，就算是没有原因，也会时有反复，所以人心不如水。刘禹锡一心为国，横遭小人陷害，心中愤懑不平，对人性的丑恶更是憎恶。他的另一首《竹枝词》抒发的是相类似的感情：

城西门外滟滪堆，年年波浪不能摧。

懊恼人心不如石，少时东去复西来。

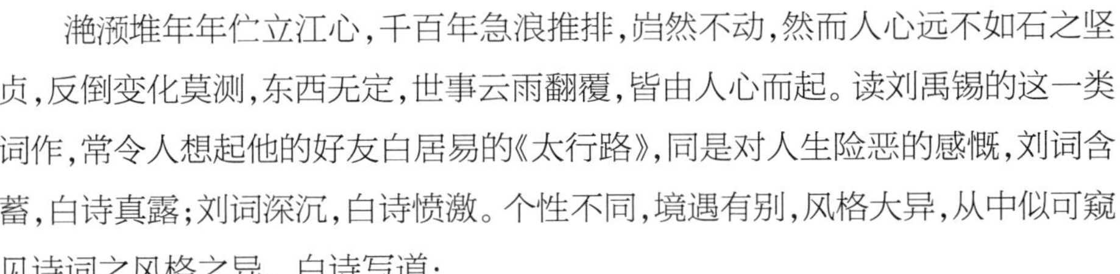
滟滪堆年年伫立江心，千百年急浪推排，岿然不动，然而人心远不如石之坚贞，反倒变化莫测，东西无定，世事云雨翻覆，皆由人心而起。读刘禹锡的这一类词作，常令人想起他的好友白居易的《太行路》，同是对人生险恶的感慨，刘词含蓄，白诗真露；刘词深沉，白诗愤激。个性不同，境遇有别，风格大异，从中似可窥见诗词之风格之异。白诗写道：

太行之路能摧车，若比人心是坦途。

巫峡之水能覆舟，若比人心是安流。

人心好恶苦不常，好生毛羽恶生疮。

……

行路难，难于山，险于水。

不独人间夫与妻，近代君臣亦如此。

君不见左纳言，右纳史，朝承恩，暮赐死。

行路难，不在水，不在山，只在人情反覆间！

我一直很佩服刘禹锡，他一生屡历坎坷，备尝艰辛，却穷而益坚，愈挫愈奋，执著人生，昂扬人气，虽至晚年而不衰。他在诗中写道：

自古逢秋悲寂寥，我言秋日胜春朝。

晴空一鹤排云上，便引诗情到碧霄。

其景其情其志，使人激情荡漾。读毛泽东《采桑子·重阳》之“一年一度秋风劲。不似春光，胜似春光，寥廓江天万里霜。”体味叶剑英《八十抒怀》之“老夫喜作黄昏颂，满目青山夕照明。”都可看到那词魄诗魂的永恒魅力。刘禹锡在词中也抒发了自己坚韧自信的心态。

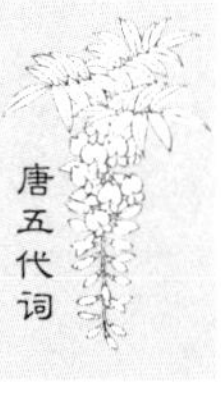

莫道谗言如浪深，莫言迁客似沙沉。

千淘万漉虽辛苦，吹到狂沙始到金。

就像是沙里淘金一样，要从大量的黄沙中淘出宝贵的黄金，就要千淘万漉，要历尽艰辛。在政治动荡中，那诋毁自己的谗言就像是大浪一般，只能打击那些意志不坚定的人们，在大浪过后，黄金反而浮出水面，谗言只能逞一时之能，风波过后，历史会证明谁才是正确的。词人以沙里淘金为喻，坚定地自信，不甘沉沦之志贯穿全篇，立意高远，比喻妙奇。将个人身世之感，上升到对人生普遍感悟的哲理高度，使诗意的形象与哲理的议论融为一体。字字珠玑，掷地有声，加强了言情达理的艺术效果。

相近的迁谪生涯，使得白居易与刘禹锡心有同契，深有同感，白居易也在《浪淘沙》词中写道：

随波逐浪到天涯，迁客生还有几家。
却到帝乡重富贵，请君莫忘浪淘沙。

仕宦生涯，确如大浪淘沙，既紧扣词题，又寄寓了个人身世之感，对于今人亦有警醒作用。

东边日出西边雨，道是无晴还有晴

——刘禹锡的爱情词

《竹枝词》本是民歌，其中有许多民歌的特点，比如简洁明白的语言、谐声双关词的使用、独特民间风貌的描写，等等，刘禹锡一方面借用这种民歌方式表达自己的感受和情绪，另一方面也沿用了民歌本身的特色，写了很多清新明丽、通俗易懂的歌词。

杨柳青青江水平，闻郎江上唱歌声。
东边日出西边雨，道是无晴还有晴。

这是一首脍炙人口的情歌，写一位沉浸在初恋中的少女的心情。她深爱着一个小伙子，可又把握不定对方的心意。少女春日漫步江边，见杨柳青青，江水粼粼。春江杨柳，本就容易引起人的情思，这时又听到江边传来情郎的歌声。少女对心上人歌声倾吐的心愫，既有疑虑，又有希望；又喜欢，又担忧。作者把一位初恋少女乍疑乍喜，虽疑仍喜的情态，微妙的心理变化，成功地表达出来了。后两句用了谐声双关的手法，以“晴”字代指读音相同的“情”字，用天气的东西晴雨不同来暗指郎踏歌之情费人猜想，既写了江上阵雨天气，又把这个少女的迷惑、眷恋和希望等一系列的心理活动巧妙地描绘出来，对于表现女子那种含羞不露的内在感情，十分贴切自然。这首词用这种方法来表达青年男女的爱情，更为贴切自然，既含蓄，又明朗，音节和谐，颇有民歌风情，但写得比一般民歌更细腻，更含蓄。因此，历来为人们所喜爱传诵。用谐音双关语来表达思想感情，是我国古代民歌中常用的一种表现手法，尤其多见于乐府词中，比如“见莲不分明”，是用“莲”代指“怜”；再比如“明灯照空局，悠然未有期”，这里的“期”，实际上是“碁”，也就是“棋”，用“未有棋”对应“空局”，好像谜语的谜面与谜底一样，十分有趣。

江南何日更重游
——白居易与刘禹锡的《忆江南》词

《忆江南》又称《望江南》，亦名《谢秋娘》。《乐府杂录》说：“《望江南》本名《谢秋娘》，李德裕镇浙西，为妾谢秋娘所制，后改为《望江南》。”白居易《忆江南》自注云：“此曲亦名《谢秋娘》，每首五句。”根据词名演变和具体词作的分析，我们知道此词所写内容一为爱情，二为江南风光。“望”也好，“忆”也好，都是如此。

白居易的《忆江南》词有三首，其中二首久享盛名，我们在这里将它与刘禹锡的《忆江南》词一起比较欣赏，以更准确地把握其特点。其《忆江南》第一首曰：

江南好，风景旧曾谙。日出江花红胜火，春来江水绿如蓝。能不忆江南。

词人以“江南好”统领全篇，也统领这一组词。词人为什么要《忆江南》，正是因为“江南好”。并且作者对江南风光的赞美，不是那种观光客的浮光掠影式的印象，而是对江南丽景的由衷赞美，因为词人对江南怀有极深感情，有着丰厚的生活基础。他早在少年时代，曾因避李希烈、朱泚藩镇之乱，随家迁居江南。十四岁时旅居苏、杭二州，居江南达六年之久。登进士第前后，又一度再游江南。五十一岁至五十三岁又赴苏杭二州任刺史，前后居江南长达十年之久。因此“江南好”之赞美发自内心，“风景旧曾谙”，补足一笔，显得十分自然。

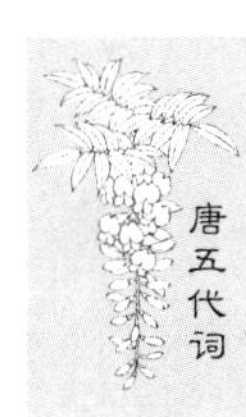

“日出江花红胜火，春来江水绿如蓝”二句，是描绘、是追忆江南美景中印象最深的景物，是“江南好”的最为形象真切的描述。火红的朝阳从东方冉冉升起，绚烂的朝霞倒映在江面，使得江边吮吸着晨露的春日红花更加娇艳。词人在这里为我们展示出一幅色彩绚丽的“江南春景图”。在这富于江南地方特色的画面上，又突出渲染了江花、江水红绿相映的赏心悦目的明艳色彩。“日出”、“春来”二句是互文见义的，上句包含着“春”，下句暗含着“日”，这样就使得我们欣赏的画面具有了特定季节（春）特定时刻（晨时日出）特定景物（春江、春花、朝霞）的特指性，正因为春水方生，所以春花盛开，春水碧绿；正由于江日初升，朝霞如火，所以朝霞红花相映，艳红胜火。

春日的美景昔日曾使词人百看不厌，离别江南之后，常忆常新，因此诗人情不自禁地迸发出“能不忆江南”这句热烈的赞叹之语，点出“忆江南”的主题。词人赞叹不已的语气，增强了此词令人回味不尽的韵味。

《忆江南》其二：

江南忆，最忆是杭州。山寺月中寻桂子，郡亭枕上看潮头。何日更重游。

这是白居易《忆江南》组词的第二首。词人以“江南忆”开头，和第一首结句“能不忆江南”紧相呼应。把“忆”字放在“江南”之后，表示重点在“忆”。“最忆是杭州”，是把“忆”的范围缩小到“杭州”这一地方。从这一组词的角度看，“江南”是“面”，“杭州”是“点”。为什么作者最忆念杭州呢？杭州的山水美景是一个方面，民谚曰：上有天堂，下有苏杭。唐代以来的诗词歌咏“天堂”的更是不胜枚举。但对于白居易而言，杭州不仅能引起他对江南美景的美好回忆，更重要的是，他在出任杭州刺史的三年中，为民筑堤蓄水，浚井开渠的一番建树，那才是他人生创作的最得意之笔，也使后人看到了诗人白居易的另一面。

“山寺月中寻桂子，郡亭枕上看潮头”两句，词人择取了杭州最引人最富魅力的两幅秋景图：天竺寺的中秋月和钱塘江的八月潮。两句词，两幅画面，一清幽，一壮美。“山寺”，点明寻桂的地点；“月中”，点明寻桂的时间。传说每年中秋后，常有月中桂子落在杭州天竺寺。《词林纪事》引《南部新书》：“杭州灵隐山多桂树，僧曰月中桂也。至今中秋夜，往往子坠。”《脞说》：“张君房为钱塘令，宿月轮山，寺僧报曰月中桂子下塔，遽登榻望之，纷纷如烟雾，回旋成穗，散坠如牵牛子，黄白相间，咀之无味。”

白居易在杭期间，曾多次在天竺灵隐两寺留宿，常常赏玩西湖月下幽美的景色。其《留题天竺、灵隐两寺》曰：“在郡六百日，入山十二回。宿因月桂落，醉为海榴开。”“山寺月中寻桂子”是词人对往日美好生活的回忆，写作者在皎洁月光下在山寺中寻访从月宫中坠落下来的桂子，实际上是写词人在山寺赏月。但其妙处在于，那山寺里的桂花和天上一轮明月都是静境，但词将其与昊天圆月中的神话传说融为一体，令人读之思飞天外，特别是一个“寻”字，就把桂花飘香，山月随人的由静而动的境界显现了出来。

桂花飘香的季节，也正是钱塘江口潮水上涨之时。赏月观潮，月下观潮正是白居易在杭州期间难忘的生活场景。钱塘江潮乃天下奇观，凡观潮之人无不留下深刻印象，“长忆观潮，满廓人争江上望，来疑沧海尽成空，万面鼓声中”。（潘阆《酒泉子·长忆观潮》）人皆喜观钱塘潮，但白居易观潮和别人不同。因为他毕竟是地方最高长官，所以他是“郡亭枕上看潮头”，十分舒情惬意。“郡亭”即虚白亭，在杭州凤凰山右，乃唐代杭州府治所在地。钱塘江潮，据周密所记，初见似天边一线，转眼间即雷霆万钧，排山倒海而至，“潮头”本是震撼心魄的动景，诗人却于枕上观看，这是动中有静，这句词和上句静中有动的山寺寻桂的境界结合起来，构成一幅有山有水，有寺有亭，有花有月的杭州秋夜胜游图。这两句词写得充满诗情画意：在宁静的山寺里，在银色的月光下，词人在寻觅传说中坠落的桂子；在临江的虚白亭里，在安卧的床枕上，词人饱览钱塘江潮的奇观。一个“寻”字，一个“看”字，充溢着词人对杭州美好的无限情意，包含着词人对美好人生美好生活的执著追求！于是结句“何日更重游”，水到渠成，与词之开首二句遥相呼应。全词在词人对杭州美景的热切追忆向往中，更突出了具有天堂之称的杭州的魅力。

正因为如此，与白居易晚年过从甚密，友情甚笃的刘禹锡见到这脍炙人口的词章，引起了共鸣，禁不住用了同样的词牌，与白居易相和。

春去也，多谢洛城人。弱柳从风疑举袂，丛兰裛露似沾巾。独坐亦含颦。

“春去也，多谢洛城人。”词之开头二句把一位南国丽人比拟为婀娜妩媚的春光（春姑娘）。她与“洛城人”（刘乃洛阳人，故称）共度了许多令人终生难以忘怀的朝朝暮暮，而今她要离去了，离别在今日，相见在何时？她依依惜别，难舍难分，在殷殷作别之际，更感到人间真情之可贵，情意绵绵地感谢洛城人给予她的无限爱恋缱绻。“弱柳从风疑举袂”，第三句词，我们可以看做是“春姑娘”向洛城人告别时扬臂举袂时的身影，一个“疑”字，似真似幻，似幻似真，用得十分巧妙。以万条柳丝迎风荡漾比喻风情万种的春姑娘扬手举袂的姿影，十分形象、贴切，极富美的意趣，早在诗经中就有“昔我往兮，杨柳依依”，杨柳依依，正是写人情依依，难舍难分。直到今天不是人们依然把妙龄女郎，婀娜多姿态的步态喻为风摆杨柳？由此可知，那春姑娘的美是镌刻在词人心中的。“丛兰裛露似沾巾”，以露裛春兰比喻人的意象交错融汇起来，正是词人心目中昼思夜想，所怀所忆的“南姬”的天姿丽质的心画心声，既把伊人幽兰似的性格和她“丁香空结雨中愁”的幽怨悒郁情绪展露笔端,同时也是词人斯时斯地主体意识和主观情愫的诗化。也就是说词人写所思之人的愁怨,正是词人自己思念情怀愁怨情绪的对象化。最后一句"独坐亦含颦"乃点题之笔。如果说三、四两句还是承"春去也"而来的形象的描述和铺垫,借景物的拟人化喻所思南国之人,那么结束一句乃离开了隐喻拟寓的白描之笔。词人通过想象的慧目清晰地看到了独坐含颦的形象。伊人思己,正是己思伊人,"一种相思,两处闲愁",词人思恋情怀之深,可以想见。

无论是白居易的直抒胸怀,还是刘禹锡的拟人手法,二人的词作都紧贴《忆江南》词牌,描绘出了江南那动人的美景,使人向往不已。

昔日青青章台柳

——韩翃的《章台柳》词

韩翃少年时期就颇负才名，天宝末年考中进士，常和当时的名士们往来。但韩翃本人性格沉静孤贞，家中清贫简陋。韩翃的隔壁住着一位李将军的外室柳氏，李将军每次来看柳氏都会邀韩翃同饮，韩翃也欣赏李将军的豁落气质，二人时常往来，关系逐渐亲近起来。柳氏住在韩翃的隔壁，平日见到韩家家徒四壁，来的客人却都是名人，就对李将军说："别看韩秀才家里穷困，和他来往的可都是知名人物，有朝一日他一定会飞黄腾达的，所以现在更应该和他多交往。"李将军深以为然。又过了几天，李将军又去探望柳氏，又一次邀请韩翃喝酒吃饭。趁着酒劲，李将军对韩翃说："你是当今名士，柳氏是当今名色，名色配名士，你看怎么样呢？"说完叫出柳氏，让她坐在韩翃身边侍奉。韩翃大吃一惊，极力推辞，李将军又说："大丈夫相遇相知，可以为知己者赴死，何况只是一名女子，有什么可推辞的！你家中贫困，难以完成心中的理想，柳氏颇有积蓄，可以助你一臂之力。而且柳氏为人贤淑，又有操守，很适合做你的贤内助。"说完之后，李将军对韩翃长鞠一躬，转身离去了。

韩翃从此便与柳氏同住，不久声名更盛，被延揽至侯希逸幕下任从事，因为世道并不太平，再加上是初次出门做官，柳氏又身份未明，所以上任时没有带柳氏随行，只是约定以三年为期，三年后必定来接柳氏。三年期过，韩翃没能按照约定去接柳氏，不知道柳氏是否还在等他，便写了《章台柳》词寄给柳氏：

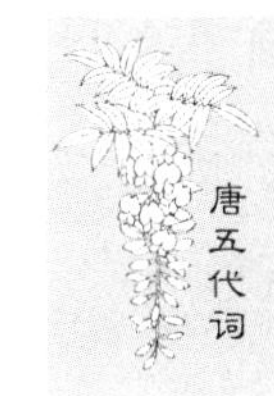

章台柳，章台柳，颜色青青今在否。纵使长条似旧垂，也应攀折他人手。

表面上是问柳枝是不是像往日一样依依长垂，实际上是借问柳枝可堪攀折来问柳氏，是否还愿意等自己，或是已经有良人相托了。柳氏也做了一首词回韩翃：

杨柳枝，芳菲节，可恨年年赠离别。一叶随风忽报秋，纵使君来岂堪折。

那青青的杨柳枝恰逢春日，吐露芳菲之际，却因折柳相送的习俗而年年被用来赠离别。就像是年轻女子，正是貌美如花的年纪，却要和心爱的人相隔两地，不能长相厮守。在时局不稳的情况下，孤身女子自保是十分艰难的，何况是柳氏这样一位出身烟花之地，又姿容绝美的女子呢！故而柳氏以秋风中飘零的落叶自比，即使心志笃诚，却未必能够随人所愿，怕不能坚持到与韩翃重逢。事实果然如柳氏担心的一样，虽然她已经尽力避免，却终究因为美貌难掩而被番将沙吒利所劫。局势平定后，韩翃随侯希逸还朝，念念不忘柳氏，经过多方打听，知道柳氏已经成为沙吒利的宠妾，明知从此两人该是陌路，可韩翃却不能抛却昔日情分，只在每日里怅然若失。一日韩翃入中书省办事，途径子城东南角，忽然出现了一辆牛车，紧随韩翃而行，车中人确认韩翃身份后，掀开了车帘，正是柳氏。柳氏对韩翃说，虽然失身于沙吒利，不能再获自由，但始终不忘与韩翃的情意，希望与韩翃能在第二天再次相见，至少要道声离别。韩翃深有同感，第二日准时赴约，依旧是那辆牛车，自韩翃身侧飞快驶过，车中掷出一盒用红布包裹的香膏，擦肩而过时，柳氏在车内哽咽说道："终身永诀"。韩翃情不能自胜，为之痛哭不已。正逢临淄大校宴请宾客，邀韩翃赴约，席间韩翃怏怏不乐，座中宾客问起韩翃为何如此惨然，韩翃就将自己与柳氏的境遇一一陈说，虞侯徐俊也在座，听了韩翃与柳氏的遭遇后，他愤然起身，道："我平生以义烈自诩，这种事断然不会坐视不管，只要你给我手书一封，我马上去办妥此事，遂你心愿！"座中人都被徐俊的激情所感染。韩翃写了书信交给徐俊，徐俊乘马疾驰至沙吒利府第，径自将柳氏接了出来，送至韩翃面前，道："幸不辱使命！"一座惊叹。可事情并没有就此完结，沙吒利这时正因平叛有功为代宗所重，韩翃生怕因此得罪于他，便将事情经过告诉了侯希逸，希望侯希逸从中斡旋。侯希逸听到这件事后亦是十分愤慨，大赞徐俊的激昂意气，马上修表给代宗，说明事情经过，强调沙吒利夺人所爱，实在不能姑息。代宗看过后称叹良久，御笔批示："沙吒利赐绢两千匹，柳氏归韩翃。"用赐物来安抚沙吒利，而终究成全了柳氏与韩翃的这段坎坷情缘。

后来的黄损、裴玉娥的爱情故事和韩翃、柳氏颇有相似之处，裴玉娥是位善于弹奏古筝的才女，与黄损有婚约，二人感情十分深厚，黄损曾为玉娥作《忆江南》词："平生愿，愿作乐中筝。得近玉人纤手子，研罗裙上放娇声。便死也为荣。"因为心上人弹得一手好筝，就宁愿成为一把古筝，能够日日贴近爱人手指，即便死去也是荣幸呢。如此浪漫的愿望，让人想起那首歌："我愿做一只小羊，跟在她身旁，任她拿着那细细的皮鞭，轻轻打在我的身上……”有情之人，只想时时刻刻、生生世世相依相傍，而对自己发自内心深爱的那个人，只要能陪伴在她身边，日日得见伊人笑靥，就已是人生最大的幸福，做一只羊或是一把筝，又有什么关系呢？如此美好的爱情，也经历了波折，裴玉娥被吕用之强行劫走，想要据为己有，好在上天终究垂怜有情人，如同徐俊帮韩翃接回柳氏，黄损与玉娥也幸运地遇到了帮助他们的胡僧，终究破镜重圆，姻缘美满。

这是有关这首《忆江南》的美好爱情故事，更为严谨的说法是，这首词的真实作者是唐代的崔怀宝，是写给开元年间第一筝手薛琼琼的应酬之作，被后人嫁接在了黄损与裴玉娥的故事中。其实，只要恋人之间的感情是真挚的，只要词作能够贴切地反映出流动在恋人之间的情愫，那么词的来历和作者都显得不那么重要了，这也是词作打动人心的魅力所在，它能够跨越时空，在某个不经意的时候，拨动读者心弦。

三生石上旧精魂
——袁郊的《竹枝》词

爱情，是人世间最美好的存在，它可以超越生死，跨越时空，让有情人念念不忘，世世相许，它牵绊人心，左右着爱河中人的喜怒哀乐。爱情也是最为奇特的情感，或许萌生在一瞬间，只在眼神交汇的一瞬间，就让人深深沦陷；或许孕育在朝夕相处中，随着时间的推移累积出心灵的默契。宝黛初次相见，便都觉得曾经相识；梁山伯和祝英台共同求学，从相识到相知，最后生死相许。因为爱情是如此美好和奇特，人们不能解释它发生的原因，更无法推测它能带来的巨大力量，所以冥冥之中的注定就成了大多数人对爱情的理解。的确，如果没有前世的纠葛，如果不是今生之前就已经情深难舍，怎么会在今生恰好遇到那样一个人，恰好对他(她)情牵意萦，不能自已？当前生注定、似曾相识都不足以表达那种一见之下怦然心动的感觉，当百年修得同船渡、佛前千万次的回眸都不能用来言说那两心相知的愉悦，这相爱的缘分早已刻在生命的轨迹中。前生、今世，相爱的人总盼望相遇相守，生生世世都一同度过，希望这前生注定的缘分在今生绽放，再相许来世。佛教将前生、今世、来生称为“三生”，人们借用了这种说法，将刻骨铭心的爱情称为“缘定三生”，再进一步，三生石的传说因为有“三生”的意义，也就成为了爱情的代名词，林俊杰的《江南》里就有句歌词：“你在身边就是缘，缘分写在三生石上面”，三生石在这里就是前生约定要来世相守的情侣们定情的所在，更是爱情前生注定的证明。但是，三生石的传说其实与爱情无关，倒是一段难得的友情故事。

据袁郊的《甘泽谣》记载，在大历末年，洛阳的惠林寺里有一位叫圆观的和尚，十分富有，又精于音律，当时人称他为“富僧”，但是都不知道他的来历。李谏，出身官宦人家，天宝年间还是只知道饮酒作乐的富家公子，安史之乱中，父亲身陷贼中，遭遇家庭变故，李谏由此大彻大悟，将家产全部捐给了惠林寺，自己也在寺中居住，每日只由寺庙供给最为简单的饮食和用品。李谏平日深居简出，并不多与人交往，唯独与圆观十分投缘，经常促膝谈话，从早到晚都不厌倦，就这样过了三十年。李谏与圆观相约一同远游蜀州，到峨眉山访道求药，可在路径的安排上，两人发生了很大的分歧。圆观想从长安经过，出斜谷，再入蜀，李谏想走荆州、三峡一线，争执了半年之久都没有结果。李谏很坚持自己的意见，认为已经出家，就是与世事隔绝了，怎能够从繁华喧闹的京都长安经过呢？圆观看李谏如此执著，很无奈地妥协了，两人即经荆江往三峡而去。路过南浦的维州山下，正巧遇到几名女子，在江边汲水。圆观远远望见这场景，忽然泣下，对李谏说："我不愿意走这条路，就是害怕经过这里，见到这女子啊！"李谏很惊讶地问道："我们这一路走来，看到这样在江边汲水的女子很多啊，为什么特别害怕见到这几人呢？"圆观说："你看这几名女子里，有一名姓王的孕妇，她就是我要托身的人，因为我一直避免来到此地，不愿投生，所以她已经怀孕超过三年还没有生产。现在既然见到了，就是命有所归，也就是佛家所说的'循环'，我再也不能逃避了。"说完之后，圆观又交代李谏，让李谏用符咒帮助他投生，投生之后，请李谏将他现在的肉身葬在山下。并且与李谏约定，在生下三天举行的"洗三礼"上，请李谏前去探看，若能相顾一笑，就证明今生的记忆犹在，新生子还认得李谏，那么再过十二年后，在中秋之夜，杭州天竺寺外，再与李谏相约一见。李谏听到这些之后，恍然了悟，十分后悔因为自己的固执己见，要失去这位心意相通的朋友，却也不能改变命运，便叫来那名姓王的孕妇，教她用符咒催生，圆观此时则沐浴更衣。果然，到了晚上，圆观去世，而孕妇同时生产。三天后，李谏依约去探望新生儿，只见襁褓中的孩子看到李谏便对着他一笑，李谏伤感而哭，将这一切的来龙去脉都一一告诉了王家，王家也深受感动，出资厚葬了圆观。十二年后的八月十五，李谏奔赴杭州，去天竺寺赴约。当时山雨初晴，月色满川，人却无处寻访，恰在这时，听到葛洪川边有牧童骑在牛身上，敲击着牛角，唱着《竹枝》词慢慢行来，走近后发现正是圆观。李谏欣喜地上前问候他，圆观却对李谏说："你真是个讲信用的人！但现在我们已经人在殊途，再不可像以前一样交往了，只盼望你勤于修道，那么我们终究还有再相见的时候。"李谏听了这席话，已是无语哽咽，只得看着圆观步步远去，远处传来圆观唱着的《竹枝》词。

三生石上旧精魂，赏风吟月不要论。
惭愧情人远相访，此身虽异性长存。

这就是"三生石"和《竹枝》词的故事，后来的人们不再引用这首词的全文，只用开头的“三生石上旧精魂”来形容前世注定，今生相许，来世携手的长久爱情，却忽略了这其实是源于佛教宿命说的一个友情故事。

词中兵法

——易静《兵要望江南》词

名高白雪，声声而自合鸾歌；响遏行云，字字而偏谐凤律。杨柳大堤之句，乐府相传；芙蓉曲渚之篇，豪家自制。莫不争高门下，三千玳瑁之簪；竞富尊前，数十珊瑚之树。则有绮筵公子，绣幌佳人，递叶叶之花笺，文抽丽锦；举纤纤之玉指，拍按香檀。不无清绝之词，用助妖娆之态。

这一段文字是《花间集》序文中的一部分，它所展示出的是词体在五代的盛行以及才子佳人们传唱新词的景象。杨柳堤，芙蓉渚，玳瑁簪，珊瑚树，叶叶花笺，纤纤玉指，无不温柔旖旎，妖娆婉约。这是词体带给人们的第一印象，也是词体与诗、文等传统文体的区别所在，诗言志，词言情；诗之境阔，词之言长；词之为体，要眇宜修……词从问世之日起，就与“情”字结下了不解之缘，爱情、亲情、乡情，就是最坚强的人，谈到感情，内心也总是柔软细腻的，与之相对应，词体也从诞生之日就带上了温柔的色彩，五代词人多用词来描绘女性的外貌和生活，是因为词体自身蕴含的娇柔妩媚的特点与传统女性的温婉相合。然而就是体裁特色如此鲜明的词体，在易静的手中，却变成了兵法的载体，论兵说战，毫不滞涩。

易静用《望江南》词牌创作了一系列词作，详细记述了作战出兵过程中可能涉及的各个方面，不止是在词的内容方面独树一帜，在兵法方面也是绝无仅有的。刘鄗为《望江南》词写的跋中说：“余观卫公所述兵法在世传之者……惟《望江南》为最奇焉。其所述人事国计、天地风雨、日月星斗、云雷气雾、鼓角鸟兽、虹霞变异、占卜避迎、灾祥事兆，以至厌禳、应诸军务、祸福成败，弥不咏载。”王垂纲的《望江南》序中则说：“故为将之道，不知天时，不识地利，不通奇门，不晓阴阳，不明象兆，不分顺逆，宁不知败兵误国，杀身遗祸乎？愿后之为将者，能专心此编，致志而求之，久而谙熟于胸中。”可以看出来，这些《望江南》词涉及了天时地利人和奇门阴阳等方方面面，被古人视为带兵打仗的将领不能不了解的奇词。刘鄩本身也是带兵打仗的，是后梁的名将。据说在一次对晋人的战争后偶然遇到一名农夫，献上了这套《望江南》，条件是希望刘鄩带着部队行进时避开农田，不要狩猎。刘鄩本来打了胜仗很是得意，再看到这奇书，更是如获至宝，爱不释手。虽然我们现在生活在和平时代，战争也有了更为先进的科技手段，不需要再把这些兵词当做秘籍来细细研读，但从这些词作中，可以看到古代战争看重的方方面面，也可以了解古人对于战争的一些看法，十分有趣。全部的《望江南》词据说多达七百多首，虽然散佚了一部分，也还有三五百首，我们挑选其中有代表性的三十首，来看看这些兵词都包含了哪些方面的内容。

兵要望江南

委任第一

兵之道，切忌起无名。不止少功虚效力，逡巡反祸复危倾。容易勿言兵。

占风角第二

兴兵道，风角最为先。若是迎风权且住，后来风助合苍天。大战我当先。

占云第三

兵若进，须要识浮云。云气顺时当急战，勿令云散后交兵。莫问昼阴晴。

占气第四

兵进击，睹气合参详。不必攻城并野战，度其形状自斟量。少错便乖张。

占雾第五

天雾者，不止四时生。阳不顺时阴成雾，阴不和上雾昏昏。邪气事难精。

占霞第六

占霞色，似气不相成。形若似云云不是，形如拖扫气纷纷。识者自详因。

占虹霓第七

虹霓现，因雨影东西。展现必当雨未知，晚来东现日光辉。术者细观之。

占雨第八

凡论雨，二气是阴阳。升则为云降则雨，若逢兵动合灾祥。良将要参详。

占雷第九

老阳极，出地变成雷。出声之先收声后，此为灾怪号非时。兵起主荒饥。

占天第十

天之道，为父又为君。清静丽明为顺吉，昏暗阴散缺忠臣。谄佞近王庭。

占日第十一

太阳位,为主正为君。兆主国君家国事,通行循度总和平。昏蚀主忧惊。

占月第十二

太阴位,为后又为臣。凡有象形凶吉定,行兵主帅要知明。一一细分清。

占星第十三

兵要法,为主认星辰。伏逆迟留须固守,更看金现便宜行。俱伏两均平。

占北斗第十四

凡北斗,斗乃众星魁。天上众星难相犯,若来相犯有灾危。占候者须知。

占地第十五

地之道,与月一般称。为母为臣生万物,发生含育尽乾坤。明辨岂无灵。

占树第十六

城中树,忽然总萎黄。威气助吾军必胜,阴神祐我必成强。主将喜非常。

占蜂第十七

军营内,蜂众泊于营。兵欲动移应不久,修磨器甲莫教停。总令便须行。

占鼠第十八

占见鼠,其物夙名虚。主盗主奸皆主贼,若来为怪将兵虞。不信祸难除。

占蛇第十九

兵发日,路上遇横蛇。或入水中应大胜,蛇还赤地战无涯。胜地住些些。

占兽第二十

城营内,马夜转槽鸣。军欲离营将大战,早排骁勇令行明。法号整齐行。

占水族第二十一

兵行次,水族忌逢之。但是鱼龙蛟蜃类,悉皆不吉兆灾危。抽退却相宜。

占鸟第二十二

占飞鸟,军旅要知因。或是纵横或逐我,或来逆我或成群。仔细说来情。

占怪第二十三

戈矛上,忽有火光明。兆主三军轻命战,管须交战我军赢。青炽不宜兵。

禳厌第二十四

禳厌法,其理事情深。首异诸般奇异怪,或逢要日要时辰。厌法要精明。

占梦第二十五

凡占梦,本出自微茫。得一梦来三事应,方知凶吉为君张。神魄预知祥。

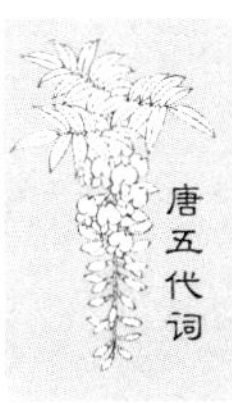

《周易》占候第二十六

圣人道,作易变爻辞。掷卦要知凶与吉,切需盥手动占仪。恳意合天机。

太乙式第二十七

太乙式,逆顺论阴阳。五日六时成一局,八门九曜逐当时。凶吉利门方。

占六壬第二十八

看行动,只取日辰推。若在贵人前实是,三传同此去无疑。反此却难移。

人药方第二十九

众军聚,驻扎已经时。多有相蒸多气郁,使君疫瘴见灾危。一一与君知。

马药方第三十

常灌马,黄柏与黄连。升麻大黄山栀子,胡盐青黛郁金仙。等分勿令偏。

战争,无论在什么时代什么地点,都是件严肃审慎的大事,它关涉着国家利益,更牵连着无数将士百姓的生命。要发动战争,必然要有充分的理由,师出无名是必败无疑的,上有委派,将士领命,名正言顺才能出动兵马。所以《兵要望江南》的第一条就是"委任",还特别指出"容易勿言兵",轻易不可言兵,战争于国于民皆有损伤,断然不可轻易发动。可以看出,古人对兴兵作战是十分谨慎的。我们常说,占据天时地利人和,才能取得成功,日常的生活固然如此,战争就更是需要多方面因素的配合和共同作用才能胜利。风、云、气、雾、霞、虹霓、雨、雷、日、月、星辰、天气阴晴,这些都是平时多见的气候现象。可在两军交锋中,不同的气候条件也会影响到战争的走向,诸葛亮借东风就是现成的例子,作为主帅,熟知种种气候现象的表征,掌握天气变化的走向,才能够利用气候为自己服务,不知天象是不可能掌握战争全局的。除了天时之外,地利也很重要,地势、树木、飞禽走兽、鱼虫蜂鼠,这些看似与战争本身并不相干的因素,如若掌控得宜,是可以得出许多信息的。地形的走向、树木的荣枯、马匹的嘶鸣、飞鸟的队形,都透露出战场的自然环境,好的主帅能够通过这些细微之处掌握地形特征,排兵布局,巧妙规划,战争中才能事半功倍。与现代人不同,古人十分重视占卜,卜卦、梦境都被看做是战争成败的重要决定因素,如果已经有了不祥的征兆,就要用各种方法来祈福消灾,所以《兵要望江南》中有很大一部分详细记载了各种占卜、解梦、祈禳的方法,这其中也透露出古人独特的智慧,不能以封建迷信一以概之。

这些兵词的最后两部分分别是人药方和马药方。战争中最重要的自然是

士兵，古代战争中，马匹也是战斗力的重要组成部分，保证士兵和马匹的健康，就是保证了战斗力。但是征战本身就长途劳顿，也没有良好的生活环境，部队驻扎又是将众多兵士集中在一起生活，一旦有了病症，就很容易传染开来，人是如此，马也一样。所以要保证战斗力不减弱，主帅就必须对可能发生的疫情有所了解和重视，无论是上兵还是马匹，都需要平日多加关照，一些有预防作用的常备药是行军打仗必不可少的。

从以上的词作和简单的说明可以看出，古人在面对战争时，一方面十分慎重，尽量避免战争；另一方面很重视人事与天文地理的联系，不将战争简单地看做双方兵力的比拼，更是综合了各方面因素，对可能影响战争成败的方方面面做出整体考量和判断，之后才是布兵打仗，一决胜负。

眉黛远山攒，芭蕉生暮寒

——卢绛与耿玉真的《菩萨蛮》词

按传统观念来看，卢绛是个不守礼法，我行我素的人。从小就不爱读死书，虽然也称得上博学多才，却没能考上功名，只喜欢博弈角抵之事。曾经在西京作坊副使尹承谔手下做书记，闲暇时间就和屠奕角抵之徒厮混在一起，这些人都是市井人物，是传统读书人看不起的，可卢绛却偏偏喜欢与他们来往，大概是经常与这些人交往的缘故，卢绛越发的不守礼法，甚至因为贫苦而私吞公款。靠职务之便贪污，这在当时是大罪，是要当街处死的，所以尹承谔刚一发现，卢绛就吓得逃跑了，躲在涂阳土豪陈氏的家中，正好又遇到了大赦的机会，才算是免了罪。在陈家生活了一段时间，陈氏发现卢绛并不是传统的儒家士子，也不像是甘心一辈子默默无为的平庸之辈，索性资助了他一笔钱，让卢绛自己去寻找机会。卢绛倒是也想寻求其他出路，可在路过丰城的时候，遇到了以前在一起交游的狐朋狗友们，短短几天之中，就把陈氏资助的钱财挥霍一空。此时的卢绛自然不能再回到陈家去，就是回到自己家中，也会被父母兄弟嗤笑不已，不得已，卢绛投入庐山白鹿洞书院，以求学的名义暂时寄身于此。白鹿洞书院是有名的民间书院，可卢绛并没有安心在这里学习，而是和诸葛涛、蒯鳌合伙，整天不务正业，遇到有家中富裕的学子，就去打劫抢钱，碰上身体孱弱的，也是百般欺凌，甚至还想办法栽赃陷害书院附近的人家，向其勒索金钱。在书院中可谓无恶不作，完全是学校的恶霸，久而久之，三个人恶名远扬，被人称为“三害”。就这样，一直到了白鹿洞书院新换了强势的院长，才把卢绛等逐出了书院，清除了“三害”。

从白鹿洞书院出来后，卢绛并没有返回家乡，而是一路流浪到了金陵城(今南京)。这时正是中央集权衰弱，五代纷争，宋太祖黄袍加身之时，天下混战，形势十分严峻。卢绛觉得乱世出英雄，此时正当是英雄用武之时，便向南唐朝廷上书论事，指出了京口到壁涧之间的几处军事要塞，称应该在这些地方屯兵设防，还应该增强国防实力等等，当时南唐的朝廷重臣枢密使陈齐看到了卢绛的建议，亲自找他谈话，卢绛口才极佳，思维又敏捷，得到了陈齐的赏识，很快就被授予官职，做枢密使承旨，授沿江巡检。有了机会，卢绛的才能得到了充分显示，之前给朝廷上书中提到的建议，都由卢绛亲自规划实施，他亲自招募成立了一支水上队伍，训练有素，很会战斗。北宋大军南侵，卢绛担任凌波都虞侯，由他亲自沿江部署防务，坚守在第一线秦淮水栅处，有了他与他率领的这支水军，北宋大军屡次进攻都不能得逞，均以失败而回。卢绛屡战屡胜，名声大振。因此敌军一听到他的名字便不由胆怯害怕，南唐诸位将领竟也是心存妒忌，容不得卢绛老打胜仗，“共说后主李煜将绛调出，乃授昭武军节度留后”。让卢绛升为节度使，留在后方做了一个守护官。由于遭小人妒忌，卢绛不能发挥其一个军事家的杰出才能，难遂安邦定国之壮志。宋军攻打南唐润州的时候，南唐朝廷不得已命卢绛率兵救润州，卢绛统帅八千兵马赶到润州，驻扎在城外，伺机以攻宋军。宋军见状，便不敢再攻打润州城。可是润州节度使刘澄不坚守抗战，而是背叛南唐，打开城门向宋军投降，使润州变成了北宋的城池。在这时候，卢绛悲愤不已，无力挽狂澜，只得率部下奔走宣州去了。

我们都知道，南唐后主李煜在文学方面取得了极高的造诣，却不是一个善于治理江山的好皇帝。由于后主李煜“好声色，不恤政事”，南唐的军事力量本来就不强，再加上文武大臣互相猜忌，李煜又不能知人善任，导致战争屡屡失败。在宋太祖开宝八年(975)，金陵城陷，李煜肉袒出降。

李煜一投降，南唐的各个州都也竖起了白旗，归属北宋。唯独卢绛还在坚持抗宋不投降。他率领部下路过歙州，歙州刺史龚慎仪拒绝让他们入城，卢绛一气之下攻占了歙州，龚慎仪出门受降，也被他杀了。有了歙州这个根据地，卢绛派遣信使前往各个地方，告知四方南唐还有歙州。他试图据守闽中，兴复南唐，但是天下大势毕竟已去，孤掌难鸣，无力成事。虽然如此，卢绛忠于南唐之心却没有改变，誓死抵抗。宋太祖赵匡胤见不能战胜卢绛，便遣其弟卢袭前去做说客，称只要卢绛罢兵投降，就不会追究其反抗之罪。卢绛和手下的将士们商议，大家都反对投降，可卢袭私下劝说卢绛，说造反是株连九族的大罪，现在如果不接受劝降，以后万一失败了，那就要牵连一家老小，这是谁都不愿意看到的。卢绛为了一家人的安全，终于同意归降，随同卢袭去见了宋太祖。宋太祖见到卢绛后问他：“你为什么不早日归顺朝廷，还要我再下诏？”卢绛高声回答道：“我受李煜重用，领李煜爵位俸禄，只认李煜为我君主，而不是陛下。”太祖又问：“李煜已经臣服于我，你又为什么迟迟不归顺？”卢绛对答：“我听说李煜归降后连爵位都没有，名不正言不顺，这并不是对归降之臣应有的态度，所以我才没有归降。”宋太祖听到卢绛的回答如此忠诚，便想要赦免他，还要授予他冀州团练使的官职。

为卢绛所杀的龚慎仪有个侄子,见到卢绛归降,一心想要为叔父报仇,就对宋太祖说卢绛当年杀龚慎仪,完全是反叛行径,不可饶恕,再加上卢绛的手下曹翰记恨卢绛没有奖励其军功,也对太祖进言,称卢绛一心叛国,不可姑息,因此宋太祖当即决定把卢绛杀了。其实宋太祖不会因为几句谗言就杀掉一名大将,而是陈桥兵变后,宋王朝为了避免黄袍加身的故事重演,对武将有着天然的防备心,尤其是对卢绛这样后来归顺的将领,因为害怕其有异心,就索性一杀了之,以绝后患,并且斩草除根,敕旨诛灭九族。

卢绛的死带有一段传说般的故事。卢绛年轻的时候生了一场重病,多处求医都不见好转,濒死之时,梦到了一名很漂亮的白衣女子,口唱《菩萨蛮》词:

玉京人去秋萧索,画檐鹊起梧桐落。攲枕悄无言,月和清梦圆。　背灯惟暗泣,甚处砧声急。眉黛远山攒,芭蕉生暮寒。

唱过几遍之后,白衣女子对卢绛说:“你的病并不严重,服食甘蔗就可以治愈了。”卢绛醒后半信半疑地找来甘蔗,吃下后果然病愈。又过了几天,卢绛又一次梦到了这名女子,这次女子对他说:“我名叫玉真,将来等你富贵之时,我们会相逢在固子坡。”卢绛醒后,梦境历历在目,也知道自己终究会有富贵逼人的一天,只是猜不透固子坡一说是什么意思。直到多年后,卢绛经历了拥兵一方的富贵,将被宋太祖处斩时,在刑场上又一次见到了这名白衣女子,这次不是在梦中,而是实实在在的现实的相遇,这名女子姓耿,名玉真,因为与丈夫前妻的儿子私通而被判死刑,就在刑场之上,要与卢绛一同受刑,而受刑的地方,正是固子坡,至此,卢绛的梦境一一兑现。

吴越词

吴越国的建立得益于吴越王钱镠出众的军事才能和时代给予的机遇。战场上的钱镠能凭借一己之力身经百战，屡立战功，治国时也能杀伐决断，果敢谨慎。然而就是这样一位颇有传奇色彩的人物，却有着一颗柔情牵系的心。他写给王妃的信深情款款，平实温馨，虽然不能和雅致的文人词相比，却别有一种动人情思的魅力。吴越国的文化底蕴本不及南唐，但正是这位驰骋沙场、英武果决的吴越王偶尔的深情流露，感动了无数后世的有情之人。

陌上花开，可缓缓归矣
——吴越王钱镠的爱情词

吴越王钱镠的出身和起家过程颇带有一些传奇色彩，852 年，钱镠出生在临安县大官山下钱坞垅的一个农民家庭。父亲钱宽，母亲水丘氏，一家以农耕打鱼为生。传说钱镠出生时突现红光，且相貌奇丑，父亲以为是不祥之兆，本想丢弃钱镠，但因其祖母怜惜，最后得以保全性命，因此钱镠小名"婆留"，意思是"阿婆留其命"。钱镠自幼不喜诗文，偏好习武，在 16 岁的时候就弃学贩盐。17 岁开始，苦练武功，读些兵法书籍，史书称其"善射与槊，稍通图纬诸书"。由于他武艺高强，受到石镜镇指挥使董昌重用，开始东征西战。自讨伐王郢起，钱镠身经百战，先后与刘汉宏、董昌等地方主要军阀作战，最终平定了两浙范围内的敌对势力，建立了巩固的地方割据政权。唐昭宗乾宁二年（895 年）董昌叛唐称帝，国号大越罗平，改元顺天。同年，唐朝封钱镠为浙东招讨使，令其讨伐董昌。乾宁三年（896 年）钱镠攻克越州，董昌自杀。钱镠被任命为镇海、镇东军节度使，治杭州，加检校太尉，兼中书令。从此，钱镠基本控制两浙，乾宁四年（897 年）八月，鉴于钱镠招讨董昌有功，唐昭宗特赐其金书铁券，免本人九死或子孙三死，这件铁券后经宋代陆游、明代刘基等人为其写跋，还曾呈宋太宗、宋仁宗、宋神宗、明太祖和清高宗等五位帝王御览，也曾遗落民间，现保存于浙江省博物馆。天复二年（902 年），封其为越王。不久，其部下徐绾和许再思起兵叛变，使钱镠大伤元气。最后钱镠支付了二十万缗犒军钱，并派两个儿子作为人质，才使得叛军撤兵。这次内乱后，钱镠吸取了教训，治国更为谨慎。天祐元年（904 年），改封吴王。后梁开平元年（907 年），封为吴越王，吴越国自此创建。从农民家庭到吴越王，钱镠凭借出众的军事能力实现了人生的大跨越，实力和运气不可谓不足。

钱镠像

战场上的钱镠武艺高强，杀伐决断，生活中的钱镠却是十分重情义的，对自己的夫人更是情深意切。钱镠的原配夫人戴氏王妃，嫁给钱镠之后，跟随钱镠南征北战，担惊受怕了半辈子，后来成了一国之母。每年的寒食节，戴王妃都要回临安住上一段时间，看望并侍奉双亲。分开的时间久了，钱镠很是想念王妃，又不好直接催促，便提笔写了一封书信，虽则寥寥数语，但却情真意切，细腻入微，其中有这么一句："陌上花开，可缓缓归矣。"意思是田间阡陌上的花都开了，你可以一边赏花，一边慢慢归来。满怀的思念无一字提及，却渗透在字句之间，平实温馨，情愫尤重。此事传开，一时成为佳话。吴人被他们国君的爱情深深地打动，用信中语编成歌曲，四处传唱，其韵凄恻，含思宛转，听者恻然。清代学者王士祯在他的《渔洋诗话》中记载了这个故事，说"五代时，吴越文物不及南唐、西蜀之盛，而武肃王寄妃诗云'陌上花开，可缓缓归矣'，二语艳称千古。"又在《香祖笔记》中写道："武肃王不知书，而寄夫人诗云'陌上花开，可缓缓归矣'不过数言，而资致无限！"也许正是因为钱镠是出身农民家庭、以武力夺天下的"不知书"之人，这偶然流露的柔情才更加真实，更加珍贵。

北宋熙宁年间，苏东坡任杭州通判。英雄相惜，苏轼对钱镠敬佩有加，曾书《表忠观记》碑文，高度评价钱镠之功绩。苏轼喜欢游玩，也常来临安，听到民间传唱的"陌上花"歌谣后，颇有感触，便写下了三首《陌上花》诗。

游九仙山，闻里中儿歌《陌上花》。父老云，吴越王妃每岁春必归临安，王以书遗妃曰："陌上花开，可缓缓归矣。"吴人用其语为歌，含思宛转，听之凄然，而其词鄙野，为之云。

陌上花开蝴蝶飞，江山犹似昔人非。
遗民几度垂垂老，游女长歌缓缓归。

陌上山花无数开，路人争看翠軿来。
若为留得堂堂在，且更从教缓缓归。

生前富贵草头露，身后风流陌上花。
已作迟迟君去鲁，犹教缓缓妾还家。

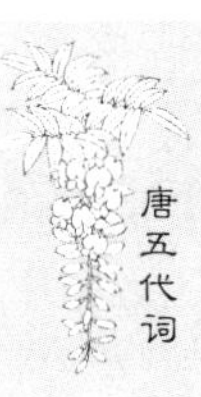

苏东坡在诗里表达了对吴越兴亡的凭吊，后来，苏东坡的学生晁补之又和了三首《陌上花》。

荆王梦罢已春归，陌上花随暮雨飞。
却唤江船人不识，杜秋红泪满罗衣。

归安城廓半楼台，曾是香尘扑面来。
不见当时翠辇女，今朝陌上又花开。

云母蛮笺作信来，佳人陌上看花回。
妾行不似东风急，为报花须缓缓开。

钱镠出身农家，以武力起家，不善文辞，可就是写给妻子的信中深情流露的一句“陌上花开，可缓缓归矣”，打动了无数有情人。苏轼与晁补之都是闻名当世的才子，能为了钱镠的一句话演绎出数首诗作，足见真情动人，更胜过华辞丽文。

别是一般滋味子，永在我侬心子里
——吴越王钱镠的乡情词

钱镠获封吴越王后，将故乡临安县改为临安衣锦军，趁着祭拜祖先的机会，再次回到了故乡。这次回乡对钱镠来说，是真正意义上的衣锦还乡，他召集了以前的乡亲父老，打着大旗，击鼓奏乐，振耀山谷。钱镠以前常常游玩垂钓的地方更是铺上了锦绣，就连周围的树木石头都被封官晋爵。贩私盐在当时是一桩罪行，可钱镠丝毫不想隐瞒曾经靠贩私盐起家的历史，专门裁了上好的绸缎，把当年贩私盐用的扁担装扮得贵气十足。

钱镠家隔壁住着一位九十多岁的老太太，听说钱镠回乡，特意带着酒菜在路边迎接。钱镠一见老太太，下车就拜，老太太也不推辞，亲热地拍着钱镠的后背，叫着他的小名，说"钱婆留啊，看到你现在这么出息，我是真高兴啊！"钱镠丝毫不觉得老太太叫他小名是触犯他小时不受父亲喜欢，被祖母说情才得以存活的隐痛，反倒觉得十分亲切，在大宴乡亲的时候特意用最名贵的蜀锦裁成广幄，让老太太坐在下面饮酒。

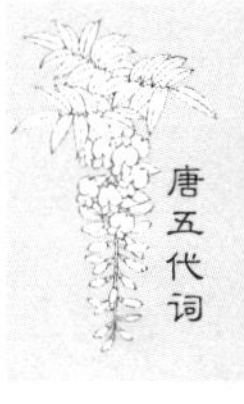

钱镠回乡设宴，杀牛宰羊、置办好酒是最平常的，为了显示他的成就和地位，还特意规定，凡是八十岁以上的乡亲，喝酒都用金樽，凡是一百岁以上的老人，都为他们准备玉杯饮酒。临安多长寿老人，据记载，当时用玉杯饮酒的百岁老人竟有十余人之多。

宴席之上，钱镠与乡亲们同饮共食，兴致所至，亲自唱起了《还乡歌》：

三节还乡兮挂锦衣，吴越一王驷马归，临安道上列旌旗。碧天明明兮爱日晖，父老远近来相随。家山乡眷兮会时稀，斗牛光起兮天无欺。

歌中夸耀自己获封吴越王，荣耀至极，如今衣锦还乡，与乡亲聚会，其乐融融。歌词写得很好，很能表现当时的情景，也不失文雅，可没想到钱镠唱完之后再看乡亲们，完全没有他预想中的感动和共鸣，反倒都是满脸茫然，根本就没听懂他到底在唱什么。钱镠很是失望，忽然明白还是要用大家都熟悉的方式来沟通。于是喝了一杯酒之后，他再次开唱，这次用的是临安方言，唱的是临安山歌的调子，内容也变为：

尔辈见侬底欢喜，别是一般滋味子，永在我侬心子里。

这次大家都听懂了，钱镠唱完之后乡亲们大受感动，满席都是对他的称颂之声，气氛也更加融洽了，乡音的感染力彻底显现了出来，钱镠的一片乡情也得到了大家的认可。后来这首歌流传开来，被很多青年男女用来表达情意，直到数十年后，临安还有百姓会唱这首山歌。钱镠设宴的地方也被称为“欢喜地”，得以保留。

如果说钱镠回乡旌旗锣鼓、锦绣铺地都只为彰显自己的显贵地位，大宴乡亲也是衣锦还乡的一个环节，那么这两首情真意切的歌词就是钱镠的乡情流露，尤其是用乡音乡曲唱出的第二首歌，道出了他对故乡亲人的深情厚谊。结合上篇《陌上花》的故事，这位靠武力博得上位的吴越王钱镠，实在不失为一位重爱情、重乡情的性情中人。

前后蜀词

韦庄是唐五代时期很著名的词人，他写给恋人的词作深情绵邈，写被迫停留在蜀地的内心痛苦、对江南故乡的回忆思念，无不情深意切。由唐入蜀，对韦庄来说是件不得已的事，却在蜀地的文化上添上了绚烂的一笔。

除了韦庄之外，前后蜀最吸引人的故事就是“花蕊夫人”。自古蜀地多美女，前蜀和后蜀都有美丽动人如同花蕊般的王妃，在她们身上有许多美好的故事和传说，也留下了动人的词句，千百年后依然摇曳生香。

人人尽说江南好，游人只合江南老
——韦庄的《菩萨蛮》词

韦庄是唐代诗人韦应物的四世孙，他承袭了祖上的文采，写得一手好词，陈廷焯在《词则》中给了他很高的评价，认为词体到了韦庄，“语渐疏，情意却深厚”，能在简短的篇幅中蕴藉深厚的情感，这简短的评价足以见出韦庄的文字功力了。广明元年，韦庄赴长安应举，不幸的是恰好遇到了黄巢攻入京师，韦庄没能参加考试，却目睹了京师陷入战乱的残破景象，深受触动，三年后写了叙事长诗《秦妇吟》，诗中描写了他亲身经历的战争场景，因为诗作的真实感人而传诵一时，韦庄也被称为“《秦妇吟》秀才”。由一首诗成名，是好事，也是坏事，韦庄的这首诗里有一句“内库烧为锦绣灰，天街踏尽公卿骨。”虽然是对战乱场景的真实描绘和再现，却触动了公卿们的隐痛，想着被人踏骨扬灰，总是让人心里很不舒服。韦庄也意识到了这一点，四处去回收《秦妇吟》的抄本，处处避谈这首诗，临终时候还特意交代家人，不能在家中挂《秦妇吟》的幛子，甚至编诗集的时候都没有把这首诗收进去，直到敦煌莫高窟石室写经的发现，《秦妇吟》才得以展露全貌。尽管韦庄认识到了这首诗可能会带给他不良的影响，也试图通过降低诗作的传播度来减轻影响，但终究还是受诗作牵连，仕途受阻，虽在官场，却没能担任重要的职位。直到天复元年(901 年)，韦庄入蜀，在王建麾下任掌书记一职，极受王建信任与重视。此时的唐王朝已是四分五裂，各地节度纷纷叛唐自立，在朱全忠篡唐建后梁之后，韦庄力劝王建称帝，为之定开国制度，受封吏部侍郎兼平章事。

表面上看，韦庄自入蜀后，多受王建重用，似乎是一朝得意，可实际上韦庄在王建幕下的生活并不是十分顺遂。据《古今词话》记载，韦庄有位宠姬，容貌娇美，又多才多艺，很得韦庄宠爱。王建听说后，竟然以请她为宫中女眷传授歌舞为名，强行掳走了韦庄的宠姬。一个是心爱之人，一个是依附身家的权贵，韦庄纵使心有不甘也是无能为力，只能将满腔的思念和伤痛写入词中：

绝代佳人难得，倾国。花下见无期。一双愁黛远山眉，不忍更思惟。　　闲掩翠屏金凤，残梦。罗幕画堂空。碧天无路信难通，惆怅旧房栊。

记得那年花下，深夜。初识谢娘时。水堂西面画帘垂，携手暗相期。　　惆怅晓莺残月，相别。从此隔音尘。如今俱是异乡人，相见更无因。

这两首《荷叶杯》，第一首写佳人含怨入宫，第二首回忆初见之时，越是想起昔日的美好，就越为现在形只影单，不能相见而伤怀。现实中不能相见，又憧憬着有朝一日能够再相聚，日日的想念，在夜晚化作相逢的一梦。

四月十七，正是去年今日。别君时。忍泪佯低面，含羞半敛眉。　　不知魂已断，空有梦相随。除却天边月，没人知。

昨夜夜半，枕上分明梦见。语多时。依旧桃花面，频低柳叶眉。　　半羞还半喜，欲去又依依。觉来知是梦，不胜悲。

两首《女冠子》是"联章体"，写一件事，前首写去年离别之情。去年今日，与恋人分别，分离之时已是无语凝咽，又怕勾起对方伤心，只得低垂脸庞，遮掩眼中的泪水。伊人远去，梦魂相随，只有天边明月，夜夜照见相思。后首记梦中相遇之情。日有所思，夜有所梦，整天思念的人儿终于在夜晚梦中得以相见。梦境中那人就在枕畔，言笑之间，依依可人，含羞带喜，恋恋不舍。忽然梦醒，空余孑然一身，与梦中的甜蜜幸福转瞬相隔为两个世界，梦中有多么美好，现实就是加倍的伤悲，只能一个人承担的无穷尽的伤悲。

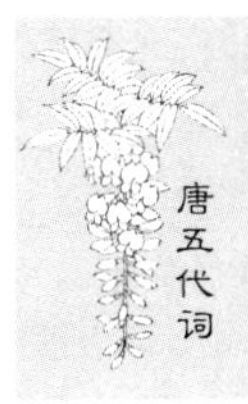

别离时的苦涩，别离后的刻骨相思，梦中相逢的喜悦，梦醒后的哀痛，韦庄用自己的一支妙笔刻画着生命中的爱恋之苦，述说着与挚爱之人分离的悲伤。据说当韦庄宠姬听到这几首词之后，哀伤不能自抑，竟郁郁而终。无论这个传说是否真实，王建与韦庄之间是否真的发生过这样的事，这些词中流露的感情都是真实可感、语挚情深的。

从忠实于唐王朝到奔赴蜀地，力劝王建称帝，其间韦庄经历的不仅仅是社会的动荡，也有心理的巨变，一方面是看到唐王朝末路之时的朝政混乱，民生凋敝，另一方面是传统教育缔造的忠君思想。不能否认，王建称帝实际上保证了蜀地的安稳，是有一定积极意义的，但终究是背叛了中央王朝，这对于韦庄来说，无异于内心的一场争战与煎熬。如若上面所说王建强占宠姬的传说是真，那么韦庄在蜀的生活也并不尽如人意，在这样的内心纠结和现实生活下，韦庄时常思念故国，思归而不能归，思乡情亦难以言说。他写了一系列《菩萨蛮》词，借用对江南和故乡的比较诉说留在蜀地的心绪。

红楼别夜堪惆怅，香灯半卷流苏帐。残月出门时，美人和泪辞。琵琶金翠羽，弦上黄莺语。劝我早归家，绿窗人似花。

人人尽说江南好，游人只合江南老。春水碧于天，画船听雨眠。垆边人似月，皓腕凝霜雪。未老莫还乡，还乡须断肠。

如今却忆江南乐，当时年少春衫薄。骑马倚斜桥，满楼红袖招。翠屏金屈曲，醉入花丛宿。此度见花枝，白头誓不归。

劝君今夜须沉醉，尊前莫话明朝事。珍重主人心，酒深情亦深。须愁春漏短，莫诉金杯满。遇酒且呵呵，人生能几何。

洛阳城里春光好，洛阳才子他乡老。柳暗魏王堤，此时心转迷。桃花春水渌，水上鸳鸯浴。凝恨对残晖，忆君君不知。

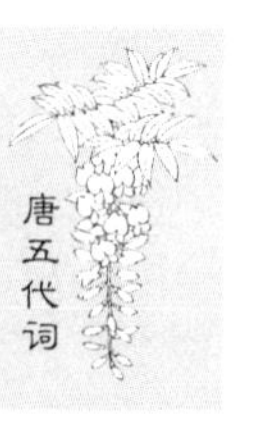

第一首词追忆当年离别之情。红楼夜别，灯半昏时，流苏帐卷，词人伴着残月出门，美人在身后弹奏着琵琶，和泪相送，黄莺般美妙的嗓音唱着离别时的情歌，字字句句都在劝词人早日归来。张惠言评论这首词的时候说，此词写于韦庄入蜀之后，回忆自己当初离开时并没有打算长期滞留蜀地。在这一系列《菩萨蛮》词中，这一首是离别之始，第二首接着写离开故乡后的生活。江南风光好，游人只当老于此地。此处景物妙处难言，天光水色，一碧如洗，画船摇曳，细雨如丝。当垆卖酒的江南女子洁白如月，皓腕如霜雪，美景丽人相对，江南的确是个可以消磨人生的好地方。这样说来，游人只合老死江南，可“未老莫还乡”，换句话说，老了仍是要还乡的，当一切美景美人都不能让自己彻底打消回乡的念头时，游人的老在江南就被一笔抹杀了。既然要还乡，却又不能现在回去，江南之地富庶宁静，家乡却是战乱纷争不断，江南至美，难比家乡牵绊之深，江南至美，更显家乡离乱断肠。想要还乡，暂时不能还乡，只有一片思乡之情，久久萦绕心间，不能停歇。如果说这一首写的是游人眼中的江南，那么第三首词写的就是词人心目中的江南乐。忆起年少时行游江南，春衫纵马，红袖相招，花丛醉宿，翠屏相映，都是江南之乐，而红袖之盛意殷勤最是可恋可感。对比江南乐，家乡此时兵干满眼，乱无已时，故而不如永住江南，虽老不归。从“未老莫还乡”到“白头誓不归”，似乎词人已经下定决心，留在江南，不再还乡，不还乡不仅仅是因为江南风光好，故园战火频，更是因为江南有一片好客之心，对于受《秦妇吟》诗牵连而迟迟不得志的韦庄来说，此时感受到的知遇和赏识之情，才是弥足珍贵的。第四首是决心留下后的心态。上一首的“醉入花丛宿”是这一首词的基调，醉后自然语气畅达，似乎放弃了回乡的执念，只想沉醉于此，不再思考明朝种种。“珍重主人心，酒深情亦深”，江南美景虽好，却不及主人热忱待客的心意，美酒醇厚，主人的深情厚谊更是醉人。既有如此动人的美景，又有深厚的知遇之情，便沉醉于此，也是人生快事。“遇酒且呵呵，人生能几何”，人生苦短，当醉则醉，醉于江南，不失为归宿。组词写到这一首，似乎词人已经接受了老在江南的命运，在得到赏识和重用的情况下，珍视主人情谊，流连不去，成为了词人的选择。可在词人的内心深处，江南再好终究是他乡，对故乡魂牵梦绕的思念仍然无法减轻，所以有了组词的最后一首。“洛阳城里春光好，洛阳才子他乡老。”从前几首的江南好，到这一首的洛阳春光好，也许词人在看着江南美景的时候，心中时时浮现的就是故乡的景色，只是思之愈深，愈无法轻易说出口。洛阳春光好，洛阳才子却要老死异乡。洛池风景，为唐之都城胜处，魏堤柳色，回首依依。江南桃花春池，鸳鸯浴水，景色不是不美，可洛阳春色犹在眼前，词人的一片思乡之心始终不能忘却，故而眼前美景只能勾起“忆君君不知”的惆怅，却不能缓解思乡的痛楚。

潇湘图卷

这五首《菩萨蛮》，从离开故乡的情景写起，先说游人眼中江南之美，再说自己眼中江南之美，一遍遍劝慰自己江南好，莫还乡，更兼难得的知遇之恩，终究像是下了决心不回乡，要老死江南，可一遍遍的劝慰最终还是换不来心中的平静，所以无数的莫还乡，不还乡，到了最后，还是一句"忆君君不知"，依然是无奈的刻骨相思。前人对这几首词有诸多探讨，或者说写在韦庄游历江南之时，或者说是韦庄入蜀之后，以江南代蜀，写对故国的思念，也有说是韦庄写给宠姬的相思词，说法不一，但词中反复想要忘却，终究不能忘却的对家乡的念念不忘的思恋，反复纠缠在心头的情感，是无论哪种解释都不能忽略的。

那边走，者边走，莫厌金杯酒

——王衍的《醉妆词》

四川自古为天府之国，自都江堰修好后，更是经济发达，沃野千里，是难得的富庶秀丽之地，同时也是自古的人杰地灵之处。蜀地出人才，是不争的事实，苏洵、苏轼、苏辙三苏即是四川人，占了唐宋八大家中的三位，苏轼更是影响了有宋一代及后世的文坛。四川的妙处不仅在于风景秀丽，经济繁荣，人才辈出，四川还是个美女云集的地方。特殊的盆地地形使得蜀地气候湿润，日照不强，再加上和风润水的滋养，这里的女孩子大多肌肤白皙细嫩，身材娇小可人，容貌娇俏秀丽，声音温婉，惹人怜惜。蜀地自古富庶，地势又易守难攻，每逢分裂时期，这里就会出现割据政权，唐王朝岌岌可危时，这里先后建立起前蜀、后蜀政权，然而这一时期最吸引人的故事并不是王侯将相，也不是风流才子，而是美丽的花蕊夫人。

花蕊夫人其实并不是单单指某一个人，而是一种称号，意为“花不足拟其色，似花蕊之翾轻也”，是用最美艳的鲜花都难以比拟其容貌，身姿轻盈窈窕犹如摇曳的花蕊般的女子。这个称号最初是指前蜀开国皇帝王建的妃子，后来又被人称为“小徐妃”。小徐妃的姐姐也是王建的妃子，是前蜀后主王衍的生母。其实王衍是王建的第十一个儿子，虽然自幼颇有文采，但并没有突出的治国才华，只是因为母亲和姨母受宠，才得以继承王位。

王衍做皇帝并不成功，没有文韬武略，可在休闲享乐方面却是十分在行的，他同时还是一位有创意的化妆师和服饰设计师。据《青箱杂记》记载，王衍喜欢出宫游玩，不愿让人发现，就戴上大大的帽子，以掩饰自己的行踪，致使老百姓也开始流行戴大帽。有一段时间，民间流行戴“危脑帽”，顾名思义，帽子形状狭小，戴在头上刚能盖住额头，岌岌可危，一低头就会掉下来。古人多看重头、帽，以为与家国相联系，帽子掉落对上位者来说是不祥的象征，故而王衍下令禁止民间戴危脑帽。扼杀了一种流行趋势，自然就要再创制新的流行来代替它，王衍禁止民间戴危脑帽，自己则在公共场合用布巾裹头，缠成锥状的尖顶，颇有特点，一时之间，上至宫中官员，下到普通百姓，群起效仿，蔚然成风，可以说是引领了时尚的潮流。

与寻常的帝王家寻欢作乐不同，王衍很重视宴饮的特色，不仅要酒美食丰，就连陪侍的歌舞伎乐都要应景装扮。比如每次在怡神亭设宴，王衍就要求歌舞伎们穿上他专门设计的一套与道袍类似的衣服，服装以宽袍大袖为特点，歌舞伎们穿着这身衣服，迎风飘荡，头戴与衣服相配的莲花冠，远看恍然若仙，与怡神亭的环境氛围融合为一。更夸张的是，除了衣服和头饰外，就连妆容也是配套的，要在脸颊上敷上朱粉，就像现代的腮红一样。王衍设计的这种妆容，腮红是要一直从脸颊打到额头的，就像是喝醉了之后面颊泛红一样，故而起名就叫“醉妆”。王衍还专门为这独创的妆容写了《醉妆词》：

者边走，那边走，只是寻花柳。那边走，者边走，莫厌金杯酒。

完全写出了沉醉于游玩享乐之中，流连忘归的贵族形象。

王衍自己是沉溺于享乐的，他的母亲和姨母也是如此，虽然极其貌美，却并不贤良，时常与王衍一同游玩。三人曾同游青城山，虽然是在道教圣地，却并没有清心寡欲的潜心求道，而是带了一批宫人，让她们都穿上画有云霞图案的衣裙。试想一下，青城山薄雾迷漫，绿树成荫，中有云霞飘荡，间或闪映出妙龄女子的面庞身影，是何等的妙处。王衍自制了《甘州词》来形容此时的场景。

画罗裙，能解束，称腰身。柳眉桃脸不胜春，薄媚足精神，可惜沦落在风尘。

命宫人在山中山谷上下都唱这首词，以此来增添游兴。二位徐妃非但没有劝阻王衍的奢侈享乐，反倒乐在其中，自然就担上了“游燕淫乱亡其国”的名声，后来庄宗平蜀，二徐跟随王衍归附中央政权，路上就被人害死了。

冰肌玉骨清无汗，水殿风来暗香满

——孟昶词中的花蕊夫人

前蜀覆亡后，孟氏又建立了后蜀，与前蜀相似的是，后蜀也有一位花蕊夫人，是后蜀后主孟昶的妃子。孟昶也是非常懂得享乐的，据说宋太祖灭蜀后，侍卫们领命去后蜀宫廷中没收财产，连孟昶的溺器也就是小便器都收来了。这是最为污秽的东西，按理说是断然不能呈给皇帝看的，可孟昶用的溺器与众不同，并不只是简单的器具，而是雕金镂花，装饰着七彩宝石，精美无比。侍卫们看到，十分诧异，也不敢隐瞒，才取回来呈给了宋太祖。太祖见到之后也不由得感叹道："连溺器都要用宝石装饰，那吃饭的器物又要怎么装饰呢？奢靡到这样的地步，怎么可能不亡国！"

蜀地本就富庶，再加上少受战争侵扰，到孟昶执政时期，虽然并没有太大作为，仍是社会安定，百姓富饶，呈现出繁华升平的景象。孟昶乘龙舟在浣花溪游玩时，两旁皆是楼台亭榭，都人士女倾城游玩，珠翠罗绮闪耀生辉，名花异卉争奇斗艳，远望犹如仙境，孟昶很是高兴，对身边的人说："曲江金殿锁千门，已经是蔚然之景，又怎么赶得上现在的景象呢？"为给盛世之景锦上添花，孟昶命人在城头尽种芙蓉，又以帷幕覆盖。花开时节，蔚然如同锦绣。孟昶得意地对大臣们说："自古以来称蜀都为'锦城'，现在这等景象，才是真正的锦城！"从这两件事可以看出，孟昶为蜀地的繁荣富庶深感自豪，蜀地的繁华又为孟昶的奢侈享乐提供了条件和机会。他广征蜀地美女以充后宫，妃嫔之外另有十二等级，其中最宠爱的就是"花蕊夫人"费贵妃。孟昶天天颠倒在宫女堆里，每逢宴余歌后，略有闲暇，便偕同花蕊夫人，将后宫侍丽召至御前，亲自点选，拣那身材婀娜，姿容俊秀的，加封位号，轮流进御，其品秩层层不同，甚至堪比公卿士大夫；每月香粉之资，皆由内监专司，谓之月头。到了支给俸金之时，都由孟昶亲自主持，那宫人竟有数千名之多，唱名发给，每人于御床之前走将过去，亲手领取，名为支给买花钱。后宫如此美女如云，花蕊夫人还能独得圣宠，一方面自然是由于她的美貌过人，另一方面，也是由于她颇有才气。花蕊夫人曾写了一系列宫词，记载宫中的生活点滴，用词清丽，描写得很形象，比如写领取月钱的场景：

月头分给买花钱，满殿宫娥尽十千。
遇着唱名多不语，含羞急过御床前。

另外如：

三月樱桃乍熟时，内人相引看红枝。
回头索取黄金弹，绕树藏身打雀儿。

都极有生活情趣，写出了宫廷女子的生活，对我们了解后蜀的人情风貌也很有帮助。

除了才华出众外，花蕊夫人也是位善解人意，又别有心意的女子。孟昶日日饮宴，时间长了难免损伤胃，见到菜肴少有胃口。花蕊夫人便别出心裁，用净白羊头，以红姜煮之，紧紧卷起，用石头压实，以酒腌之，使酒味入骨，然后切得像纸一样薄，入口风味无穷，号称“绯羊首”，又叫“酒骨糟”，很得孟昶喜爱。孟昶遇着月旦，必用素食，且喜薯药，花蕊夫人便将薯药切片，用莲粉拌匀，加用五味，清香扑鼻，味酥而脆，又洁白如银，望之如月，宫中称为“月一盘”。能将普通食物别出心裁加以变化，可见花蕊夫人本身就是位聪慧的女子，聪慧又貌美，得宠是自然而然的了。孟昶曾为花蕊夫人写过一首词，这首词写于孟昶与花蕊夫人一同避暑之时。孟昶最是怕热，每遇炎暑天气，便觉喘息不定，难于就枕，于是在摩诃池上，建筑水晶宫殿，作为避暑之地。其中三间大殿都用楠木为柱，沉香作栋，珊瑚嵌窗，碧玉为户，四周墙壁不用砖石，尽用数丈开阔的琉璃镶嵌，内外通明，毫无隔阂，再将后宫中的明月珠移来，夜间也光明透彻。四周更是青翠飘扬，红桥隐隐。从此，盛夏夜晚水晶宫里备鲛绡帐、青玉枕，铺着冰簟，叠着罗衾，孟昶与花蕊夫人夜夜在此逍遥。这晚倚阁星回，玉绳低转，孟昶与花蕊夫人又在摩诃池边消暑，凉风升起，那岸旁的柳丝花影，映在摩诃池中，被水波荡着，摇曳生姿。此时的花蕊夫人在月光下越发显得冰肌玉骨，粉面樱唇，格外娇艳动人。孟昶一时兴起，为花蕊夫人写下了词章，盛赞其风姿华貌，遗憾的是词作散佚，无人知晓全文。多年后，苏东坡偶然间遇到了一名老尼，老尼号称自己曾经跟随师父去过蜀宫，见过孟昶，并且知道孟昶当年曾与花蕊夫人避暑摩诃池，写了一首词，但老尼只记得其中两句：“冰肌玉骨，自清凉无汗。”东坡就以这两句为开头，补齐了全篇：

冰肌玉骨，自清凉无汗。水殿风来暗香满。绣帘开，一点明月窥人；人未寝，欹枕钗横云鬓乱。　　起来携素手，庭户无声。时见疏星渡河汉。试问夜如何？夜已三更，金波淡，玉绳低转。但屈指西风几时来，又不道流年暗中偷换。

据说后来镇守蜀地的元帅谢元明修葺摩诃池，见到了孟昶原词的石刻：

冰肌玉骨，自清凉无汗。贝阙琳宫恨初远。玉栏干倚遍。怯尽朝寒。回首处，何必留恋穆满？　　芙蓉开过也，楼阁香融，千片红英泛波面。洞房深深锁，莫放轻舟瑶台去，甘与尘寰路断。更莫遣、流红到人间，怕一似当时，误他刘阮。

从整首词来看，雕琢和堆砌的痕迹很明显，倒没有了东坡词清逸的气度，应该是后人附会所作，而仅留下残句的孟昶词更加引人遐想了。

就在蜀主孟昶与花蕊夫人不道流年，挟弹骑射，游宴寻诗的时候，赵匡胤取代后周而君临天下，国号宋，改元建隆，整军经武，南征北伐，目标逐渐指向后蜀。花蕊夫人屡次劝孟昶励精图治，孟昶总认为蜀地山川险阻，不足为虑，再加上蜀地多年不经战火，人人安逸散漫，十四万蜀军竟然不战而溃，很快就被宋王朝攻破。花蕊夫人也随孟昶一同离开蜀地，被押赴汴京，途中路过驿馆，花蕊夫人在墙上题词道：

初离蜀道心将碎，离恨绵绵。春日如年，马上时时闻杜鹃。

离开生长生活多年的蜀地，又是以战败为虏的身份离开，已是离恨绵绵不能开解，更兼杜鹃啼血，哀鸣声声，这美好的春天竟像是熬不完的岁月，加倍让人心伤。

宋太祖早就听闻后蜀花蕊夫人不单貌美，更多才，曾做宫词百首，清新艳丽可比张籍、王建，于是在孟昶和花蕊夫人来到汴京之后便召见花蕊夫人，命她现场作诗，花蕊夫人稍一沉吟，开口便道：

君王城上竖降旗，妾在深宫哪得知。
十四万人齐解甲，更无一个是男儿！

敢在宋太祖面前作出如此慷慨悲愤的诗作，足见花蕊夫人气骨非凡。宋太祖十分赏识花蕊夫人，但对孟昶来说，却是十分不利的，在太祖初次召见孟昶和花蕊夫人后的第七天，孟昶就暴疾而终了，后人都猜测是太祖下毒毒死了孟昶，无论是为了政治需要，或者是为了争夺红颜，孟昶的结局自后蜀兵败之日，便已然注定了。

孟昶死后，太祖将花蕊夫人接进后宫，封为妃子，十分宠爱，甚至大有为之神魂颠倒的趋势。当时的晋王，也就是后来的宋太宗，对此十分担忧，怕太祖一时耽于女色，毁了好不容易得来的江山，屡次劝说太祖，却都没有成效，就起了杀心。于是主动约太祖去射猎，太祖正宠爱花蕊夫人，自然带着她一同前往，晋王拉弓张弦，作出瞄准走兽的样子，在箭要离弦的一瞬间，忽然回身射向了花蕊夫人，一箭而死。太祖虽然遗憾，却没有为一名女子再生枝节。至此，两位花蕊夫人都以被杀结束了人生。无论是前蜀还是后蜀，花蕊夫人都以绝美之姿，宠冠后宫，也都度过了一段奢侈享乐、纵情声色的时光，最后都随着政权的败亡死于非命，红颜祸水的说法先后坐实在两人身上。无论这种说法有多少道理，将一国存亡归咎于一名女子，终究会让人生出许多感叹。

南唐词

南唐的中主李璟和后主李煜，都不是善于治国的英明君主，却都擅长词令，是词坛上难得一见的父子词人。在他们的影响下，南唐从君主到大臣，都文采斐然，词体在南唐得到了充分的发展。尤其是李煜的词作，从南唐灭国之后，字字句句都用血泪写成，感人肺腑。在唐五代时期，南唐词作是当时艺术成就最高，也最富欣赏价值的。

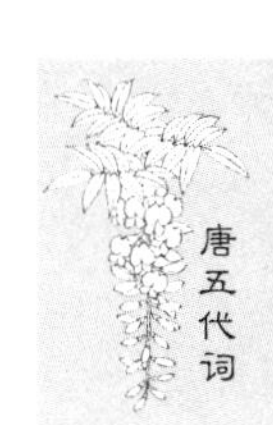

桃李休要夸烂漫，已输了春风一半
——以词劝谏的王感化

在中国词坛上，父子齐名，都取得卓越成就的，只有两对，一对是宋代的晏殊和晏几道父子，另一对就是南唐中主李璟和后主李煜父子了。李璟和李煜一样，是很有才情的皇帝，擅于作词却不擅长治国，但这并不能说明他们都是沉湎酒色财气，一无是处的人，恰恰相反，李璟和李煜都有着十分突出的优点。

李璟即位之初，沉湎于宴饮游乐，当时有位很出名的乐人，叫王感化，极擅歌唱，嗓音清亮，声韵悠扬。李璟有一次喝醉了酒，命王感化唱《水调》词助兴，王感化开口便唱，但反反复复只有一句："南朝天子爱风流"，连续唱了四遍，李璟忽然醒悟，这是王感化在用歌词劝诫自己，不可一味贪图享乐。一名歌者尚且有如此觉悟，更何况一国的君主呢？李璟感叹道："如果孙、陈二主能领悟到这句话中的意味，也就不会亡国了！"

孙、陈二主分别指三国吴后主孙皓和南朝陈后主陈叔宝。吴后主孙皓即位之初尚能勤勉治国，后期却异常骄奢淫逸。《资治通鉴·卷七十九》记载，孙皓在位期间，常派遣黄门遍行州郡挑选美女，大臣的女儿也必须每年一报，年纪到了十五六岁要先让他检阅，看不中的人才允许出嫁。由此，他后宫的美女多达万人，孙皓还嫌不够。十分荒唐的是，孙皓给后宫所有的美女都佩带上了皇后的印绶，这使得皇后滕氏空有皇后之名，却无皇后之实。此外，孙皓还纵容其爱妾派近侍到集市上去抢百姓的财物。司市中郎将陈声以前是孙皓的幸臣，他倚恃孙皓的宠遇，将抢夺财物的近侍绳之以法。爱妾向孙皓诉怨，孙皓大怒，假借其他事端逮捕了陈声，并命令武士用烧红的大锯锯断陈声的头，将尸体投到四望台下。孙皓如此听信谗言，不辨是非，毫无其先祖孙权的气度和责任感，令人心寒不已。

除此之外，孙皓还酗酒滋事，毫无自制。孙皓喜欢宴请群臣狂饮，每次宴会都强逼大臣喝醉，为此特命十个黄门郎侍立，监视那些不喝酒的大臣喝酒。更可怕的是，每每宴会结束后，孙皓会命喝醉的大臣彼此揭发，如什么时候鄙视过孙皓，什么时候说过孙皓的闲话，谁要是不幸被揭发出来，孙皓便一刀将他砍了。

由此，被孙皓邀请赴宴的大臣个个胆战心惊，赴宴前大多要与妻子儿女含泪相别。有个叫韦曜的侍中，酒量极小，最多能饮二升，可孙皓规定每人在宴会上必须喝够七升酒。韦曜便偷偷以茶代酒被发现，孙皓责骂他违抗命令，不由分说就抓起来杀了。还有一次，常侍王蕃酒后醉倒在大殿上，不省人事，孙皓以为他在装蒜，便把他给杀了。孙皓多次因自己的一时之怒，残杀臣下，其行为之冲动鲁莽，毫无常人的负罪感和责任心。

为了及时行乐，孙皓穷奢极侈，在皇宫太初宫之东又建造了一座更为宏伟的"昭明宫"，包括大小殿堂几十处，雕梁画栋，重脊飞檐。殿堂之间垒土为山，山上盖有楼阁，用珠玉装饰，四周点缀奇山异石。为了使殿堂之间终年碧波绿水，他还下令在宫后专门开凿了一条"城北渠"，引后湖（今玄武湖）之水，为的是长流不息。如此穷奢极侈，滥用刑罚，导致东吴实力大幅下降，成为三国鼎立中势力较弱的一方，自然会引起他国觊觎。公元 279 年，晋武帝司马炎下令水陆兵马大举征吴。此前，益州刺史、龙骧将军王濬已奉命督造战舰，操练水军。当时，船坞工匠砍凿木料时的大量碎片，随风飘至江中顺流而下。吴军将领奏请孙皓厉兵秣马，加强要塞防务。玩物丧志的孙皓根本听不进去，对已枕戈待发的晋军掉以轻心。怒于孙皓的麻木不仁，吴国守将只好自行在长江险要处置放大量的铁索，横江阻截。不想为王濬探知，及时采取相应对策。公元 280 年春，王濬率领西晋八万水师南下。精心准备的沉江铁索，没能阻挡住战舰的前进步伐，一路兵不血刃，直逼石头城下。山穷水尽的孙皓咎由自取，只能遣使向王濬呈递降表。及至王濬率部入城，孙皓又以亡国之礼，素车白马，令人反绑自己双臂，徒步行进，另备敛尸用的白木棺材以示罪该当斩，带领王公贵族 21 人前往晋军营地请降。东吴不战而亡。刘禹锡的一首《西塞山怀古》，让我们感受到了这幕悲剧。

王濬楼船下益州，金陵王气黯然收。
千寻铁锁沉江底，一片降幡出石头。
人世几回伤往事，山形依旧枕寒流。
今逢四海为家日，故垒萧萧芦荻秋。

陈后主是南北朝时南朝陈的末代皇帝。陈朝自武帝开国，纲纪初备，天下渐安，又占据着富庶的江南之地，宫廷内奢靡之风渐起，至后主尤甚。后主陈叔宝"生于深宫之中，长于妇人之手"，于公元 583 年即位。当时北方已很强大，但他不以外患为忧，荒于朝政，不爱江山爱美人，即位之后耽于诗酒，专喜声色。据张敦颐《六朝事迹编类》载，后主常使“张丽华(贵妃)、孔贵嫔等八人夹坐，江总、孔范等十人预宴。号为狎客”。每次宴会，后主都会召集妃嫔，与女学士、狎客杂坐联吟，互相赠答，飞觞醉月，所作大多为曼词艳语。文思迟缓者则被罚酒，最后选那些写诗写得特别艳丽的，谱上新曲子，令聪慧的宫女们学习新声，按歌度曲。其中著名的有《玉树后庭花》。

丽宇芳林对高阁，新装艳质本倾城。
映户凝娇乍不进，出帷含态笑相迎。
妖姬脸似花含露，玉树流光照后庭。

这是陈后主写给张丽华，称赞其美貌的。唐代著名诗人杜牧有《泊秦淮》诗：

烟笼寒水月笼沙，夜泊秦淮近酒家。
商女不知亡国恨，隔江犹唱《后庭花》。

诗中所言《后庭花》，指的就是《玉树后庭花》一曲。陈武帝陈霸先费尽心力，打下的陈氏江山，就这样轻易断送在靡靡之音中，“玉树后庭花，花开不复久”，《后庭花》因而被称之“亡国之音”。

陈叔宝不仅沉湎于酒色，还追求奢侈享乐。为博嫔妃欢心，他在玄武湖畔的华林园内，筑起了高达数十丈的“临春”、“结绮”、“望仙”三阁，用沉香木作材料，装饰大量金玉珠翠，极尽奢靡。为满足豪奢生活之需，他“税江税市，征取百端”，致使“百姓流离，僵尸蔽野；货贿公行，帑藏损耗；神怒民怨，众叛亲离”。

与此同时，隋文帝杨坚在统一了中国北方大半壁河山后，开始积极修造战船，为灭陈做好了准备，并且列举了后主二十条罪状，广发天下，赚取舆论，瓦解江南民心，随后便挥兵南下，直取建康。然而此时的后主正在忙于准备一年一度的元会大典，为保证庆典的顺利举行，竟然拒绝了大将樊毅、尚书仆射袁宪等人在要害之地增兵布防的要求。当大臣们为了是否增兵备战争执时，后主竟然十分自信地说：“王气在此，齐兵攻打我们三次，与周兵两次对决，每次都以对方溃败而告终。现在隋军攻打我们，肯定也是自取灭亡。”佞臣孔范马上附和说：“长江天堑，自古以来隔断南北，隋军岂能飞渡？边将为了立功，故意危言耸听，妄陈边事，实不足取。我正愁官小位卑，无缘升迁，若敌兵渡江，我定可大显身手，官至太尉。”后主听了，莞尔一笑，不再说调动兵马之事，天天纵酒、赋诗不辍，似乎亡国的威胁并不存在。就这样，公元 589 年，隋军攻入建康。直到此时，陈后主才如梦初醒，然而形势已无可挽回。隋军攻入宫殿之时，陈后主还试图逃跑，袁宪阻拦说：“北兵入城，必无所犯，事既如此，陛下还能逃往何处！请陛下正衣冠，御正殿，仿照梁武帝见侯景故事，拿出帝王气节来。”侯景举兵叛梁，曾将梁武帝围困于建康台城，终至饿死，后主自然不愿蹈此覆辙，颤声说：“锋刃之下，怎么能强行与之对抗呢，我自有办法。”说着，径率后宫十余人来至后堂景阳殿，情急之下躲进后花园的景阳井中。就是逃命躲藏的时候，后主还不忘带上心爱的妃子。当隋军发现后主藏身之地后，一根绳索抛下，拉上来的除了陈后主，还有张、孔二妃，真真是荒淫至极，故胭脂井又名“辱井”。陈后主“舍命”胭脂井不堪回首，历代诗人多有咏叹，最发人深思的是元朝诗人陈孚的《胭脂井》。

泪痕滴透绿苔香，回道宫中已夕阳。
万里河山天不管，只留一井属君王。

陈亡之后，隋文帝下令将建康城邑和宫殿全部荡平耕垦，六朝名都建康，落得一个“吴宫花草埋幽径，晋代衣冠成古丘”的荒凉景象。陈叔宝被押解到隋都洛阳，隋文帝杨坚宣诏抚慰，他是惶恐伏地，不敢答词。后听到杨坚发下敕书，竟然高兴得舞蹈谢恩，叩拜再三。此后，陈后主终日饮酒，少有醒时，根本没有把亡国之痛放在心上，就连隋文帝都感慨他没心没肺。有这样的君王，陈朝的灭亡在所难免，更在情理之中。

吴、陈都建都建康，享江南繁华美景，也都因后主沉湎酒色，贪图享乐，不思进取而亡，两位亡国之君随着国家的覆灭，一夕之间沦为阶下囚。前人的教训历历眼前，“南朝天子爱风流”，风流天子终成丧国之君，王感化再三强调这句歌词，正是为了提醒李璟，不要步吴、陈后主后尘。李璟听出了其中的含义，从此之后停止了宫廷中的享乐活动，一心勤勉执政。身为一国之君，能够采纳身份低下的乐人的劝谏，其胸襟开阔，并不是常人能比的。李璟不单采纳了王感化的意见，还因为王感化敢于直言劝谏，十分看重他，甚至写了两首词送给王感化。李煜登基后，王感化拿出李璟赐给他的词作献给李煜，李煜大受感动，也因此厚待王感化。

风乍起，吹皱一池春水
——李璟与冯延巳的论词故事

李璟写给王感化的是两首《摊破浣溪沙》，这两首词也被认为是李璟写得最好的词。

手卷真珠上玉钩，依前春恨锁重楼。风里落花谁是主，思悠悠。　　青鸟不传云外信，丁香空结雨中愁。回首绿波三峡暮，接天流。

菡萏香消翠叶残，西风愁起绿波间。还与韶光共憔悴，不堪看。　　细雨梦回鸡塞远，小楼吹彻玉笙寒。多少泪珠何限恨，倚栏干。

这两首词清和婉转，含蓄沉郁，都是词中佳品，历来为人所推崇。后一首词还有一段君臣论词的佳话。南唐的宰相冯延巳，也是位擅长作词的才子，他写了一首《谒金门》词：

风乍起，吹皱一池春水。闲引鸳鸯香径里，手挼红杏蕊。　　斗鸭阑干独倚，碧玉搔头斜坠。终日望君君不至，举头闻鹊喜。

这首词写的是闺怨，上半阕写女子行走在池塘边，边走边信手将红杏蕊抛入水中，逗引鸳鸯。下半阕写女子走到了斗鸭栏边，忽然听到喜鹊的叫声，似乎预示着远人即将归来，欣喜中抬头寻找，连碧玉搔头掉在地上都没有发觉。词写得生动自然，像是电影镜头的推进，一幕幕呈现出闺中少妇信步池边，思念远人的情态。据说李璟见到这首词后曾问冯延巳："吹皱一池春水，这是风的事，和你有什么相干？"冯延巳巧妙地回答道："随意写的小词而已，哪能比得上陛下您的'小楼吹彻玉笙寒'呢！"有的学者认为，冯延巳这首词其实是在借闺情说政治，讽刺李璟政务措施不得力，导致政坛纷纭不安，如同风起吹皱春水一般。李璟看到词作，敏锐地意识到了其中的嘲讽，才责问冯延巳，冯延巳自然不敢直言，就避开矛头，回归了词的本义，声称自己不过是写了一首闺情词，而且还不如李璟自己写的闺情词精彩，在打趣中化解了一场君臣矛盾。且不说这种说法是否符合实际，南唐君臣皆擅词，又能以词作相互交流讨论，这从一个侧面说明，李璟本身不失为一位开明平和的帝王。

帝王之家为争夺皇位，兄弟反目，手足相残的例子比比皆是，帝王之家无亲情似乎已经成为惯例，然而这种惯例在李璟这里却完全不存在。早在其父李昪第一次要封李璟为太子时，李璟便极力推让，拒不受封，李昪只得先封他为吴王，后来又封齐王，几年后才又立李璟为太子。即位之后，李璟对自己的弟弟们十分关照，无论是宴饮还是游玩，从来都是兄弟几人一同前往，其乐融融，碰到有节日或庆典，更是偕同诸王，与大臣们饮酒赏乐，登楼作赋。对于国家大事，李璟也毫不避讳，通常是和兄弟们共同商议，一起决策，从不因惧怕兄弟争位而打压手足。《江表志》中称李璟："友爱之分，倍极天伦"，这在皇室中是极为少见的，应该说，能够维持和谐的兄弟关系，与李璟心思善良，宽容闲雅是不可分的。平和的心态和超俗的文采是李璟给人最深刻的印象。相由心生，内心的宽仁和丰厚的学养反映在人的气质和神采上，就格外清雅。《诗话类编》记载，有湖南使臣拜谒李璟，归来后对朋友说："汝未识东朝官家，其为人粹若琢玉，南岳真君恐未如也。"称李璟如同美玉温润，比道家至尊南岳真君更显气度，由此想象，南唐中主李璟必然是音容闲雅，眉目如画的翩翩才子。

然而作为帝王，无论是开明平和，还是善良宽容，若不能锐意精进，励精图治，即便是有一身才学，终究也是于国无利。虽然李璟接受了王感化的劝谏，收敛了对享乐的沉迷，但终究过于重文轻武，又缺乏危机意识，南唐在他的治理下，虽然经济繁荣，社会平稳，但却缺乏军事实力，在五代纷争中，逐渐处于劣势，终于在李煜即位后不久被宋所灭。

重瞳惹猜忌，钟隐得存身
——李煜的《渔父词》

李煜像

李煜，原名李从嘉，字重光，后以“日以煜之昼，月以煜之夜”之意改名李煜，是南唐中主李璟的第六个儿子。因为李璟的次子到五子都夭折了，所以李煜长兄李弘冀为太子时，李煜实际上便成了次子。李煜自幼颇有才学，工书画，知音律，很得李璟的喜爱。李煜的长相也很出众，史书中记载他“广额丰颊，骈齿，一目重瞳子”，额头宽广，脸颊丰润，在传统观念中，这都是富贵福泽的面相，可李煜的面相不仅仅是富贵而已，最特别的是“骈齿”和“一目重瞳子”，“骈齿”就是牙齿上下重叠，看似一颗，实际是两颗，其实就是很整齐的龅牙；“一目重瞳子”则是指一只眼睛有两个瞳仁，这都是平常人不具有的面貌特征，称得上是“异相”了。这些“异相”自然不是从李煜才开始有的，据史书记载，帝喾、周武王、孔子都是骈齿；而在李煜之前，历史上号称重瞳的分别有仓颉、舜、重耳、项羽。其中仓颉是传说中造字的圣人，孔子是儒家文化创始人，被后世称为“孔圣人”；帝喾和舜分别是“三皇五帝”中的一皇一帝，是中华始祖和知名的贤君；周武王是西周开国国君，重耳即晋文公，春秋五霸之一；项羽则是西楚霸王，曾称霸一方。李煜之前的骈齿和重瞳之人不是圣人就是君王、霸主，这似乎预示着具有骈齿和重瞳特征的人都必定能成就一番伟业，至少也是称皇称帝的。有这样的天生异相，有与圣人贤君有共同特征的儿子，李璟自然十分欢喜，可对于太子李弘冀来说，有这样一个看似命中注定要做君王的弟弟，可不是一件好事。与李璟的兄弟情深不同，李弘冀本身就是个好猜疑又苛刻的人，更何况他的太子身份本就得来不易。中主李璟对兄弟的深情厚谊可不仅仅体现在共同游玩宴饮、共同决策国家大事上，早在即位之时，他就在先皇灵柩前立下誓言，兄终弟及，要将王位传给自己的弟弟李景遂，而不是传给自己的儿子。李弘冀为人沉默寡言，可军事才能却十分出众，在与后周的战争中屡屡得胜，赢得了极高的声望。南唐军队对李弘冀很拥戴，多次向李璟表示，相比李景遂，李弘冀更适合继承王位，虽然李璟迫于压力，立了李弘冀为太子，但对这个战功显赫的长子的猜忌却逐渐加深了，何况李璟本身喜文厌武，李弘冀在文学方面远远不如弟弟李煜，军事才能又不被李璟所看重，在父子关系上，自然也就比不上李璟和李煜的意趣相投。种种因素综合起来，李弘冀的太子之位战战兢兢，如履薄冰，对李煜有所猜忌也是在所难免的。这一点李弘冀知道，李煜也十分清楚，为了降低李弘冀的戒心，他尽量避免参与政事，把主要精力放在了书法绘画，山川美景上，并且开始信仰佛教。在此期间，他曾给自己取号“钟隐”、“钟峰隐者”、“莲峰居士”，还写了《渔父》词以明志：

浪花有意千重雪，桃李无言一对春。一壶酒，一竿身，世上如侬有几人。

一棹春风一叶舟，一纶茧缕一轻钩。花满渚，酒满瓯，万顷波中得自由。

沿袭张志和《渔父》词的主旨，这两首词写的都是逍遥自在的渔父生活，流露出的是对渔父饮酒垂钓，自由自在生活的羡慕和向往。李煜写这两首词是为了表明自己志在江湖，无意与兄长争位。这种举动没能完全打消李弘冀对他的猜忌，却赢得了李璟的赏识，认为能够不贪恋皇权，又能心态平和，这是十分难得的美德。

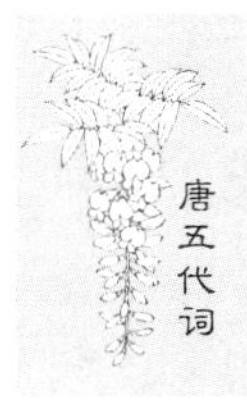

就在这时，李景遂提出回到封地，放弃皇位继承人的身份，可就在回封地的途中，李景遂被人杀害，经查证后，确定是李弘冀所为，不久之后，李弘冀就暴死了。据说李弘冀的暴死是因为看到了李景遂的鬼魂，惊吓致死，但实际上很有可能是因为李璟难以忍受李弘冀藐视皇权、杀叔谋位的举动，又对李弘冀在部队中的威信颇有忌惮，于是借机下毒毒死了李弘冀。

李弘冀死后，李璟自然要立自己欣赏的李煜为太子，这个决定遭到了当时的大臣钟谟的反对，钟谟称李煜品德不足，性格懦弱，又嗜好佛教，实在不是做国君的合适人选，倒是李煜的弟弟从善，为人果敢凝重，更适合做太子。虽然钟谟这么说有一部分原因是他与李从善一同出使过后周，关系亲厚，但他对李煜性格和爱好的评价也是较为客观的。可李璟此时已经铁了心要将王位传给李煜，根本听不进去别人的意见，竟然找了个借口把钟谟流放了，随即封李煜为吴王、尚书令、参知政事，让李煜住在东宫，这在实际上承认了李煜的太子地位。公元 961 年，李璟迁都南昌，立李煜为太子监国，命他留守金陵，六月，李璟去世，李煜就在金陵登基为帝。这场兄弟之间的帝位之争，至此画上了句号。

他年蓬岛音尘绝，留取尊前旧舞衣
——从韩熙载《杨柳枝》词看南唐政治形势

很多人对李煜的文学成就十分推崇，但在政治方面却认为李煜一味懦弱求和，不思进取，甚至沉溺声色，荒淫误国。但如果对当时的历史形势有一个较为准确的把握，再看看李煜即位后采取的一系列措施，就会发现，李煜并不是完全没有反抗，甘心被宋朝吞灭，他也有一些政治改革的举措，只是国力兵力的悬殊、大势之所趋、用人的失误等等因素造成了南唐最终没能保全国体。

先来看当时的客观形势：李煜即位，面对的并不是万里河山，一片太平，而是内忧外患，不堪其扰。国内，在中主李璟时期，一改南唐先主李昇的保守政策，对外大肆扩张，和多个割据势力交战；一方面疆域达到了巅峰，另一方面也国力疲弊，百姓不堪其扰；李璟临死前夕，李弘冀暴毙，心腹大臣或被杀或被逐，朝中文武人心浮动。对外，赵匡胤陈桥兵变，黄袍加身，东征西战；在李筠、李重进被灭后，后周归顺赵宋，大宋王朝以雷霆之势席卷中原，严重威胁到了江南的割据势力。

再说李煜的政治主张：李煜即位后的第一件大事是派中书侍郎冯延鲁送国书和礼物给宋朝。早在 960 年，李璟在世的时候，南唐就已经去帝号，尊奉宋为宗主。冯延鲁此行，主要是向大宋朝表示，新任南唐国主李煜，对大宋一如既往地尊奉，以此换回暂时的和平。看似懦弱，但只有这样，才能够为南唐争取时间，增强国力。

李煜做的第二件大事是下诏让四品以下官员，没有具体任务的，每天两人，在内殿候命。一旦自己有什么决议，可以最快时间传达。之后，李煜让两省侍郎、给事中、中书舍人等中央官员每天每晚分批聚集在光政殿，共同商议兴国大计。由此可见，面对紧迫的局势，李煜并不是一味安于现状，等待灭亡。

在这期间，因为赵匡胤忙着稳定内部，同时征讨荆南和湖南的割据势力，无暇顾及南唐，南唐有了喘息之机。可治理国家需要人才，而作为君主，除了治国之心，重要的是找到一位贤相辅佐。南唐文士众多，写诗词的人很多，精通政务的人太少。不过也不是没有，韩熙载就是一个。

韩熙载在后唐同光年间，二十岁出头就曾经考中进士，原本可以出仕，可不久他的父亲因牵涉到一场兵变而被诛杀，家族也受到了牵连。韩熙载只能带着家眷向南逃跑，到了吴国。当时吴国的掌权者正是后来的南唐烈祖李昪，虽然李昪为人谨小慎微，不太喜欢不拘小节的韩熙载，但仍然把韩熙载留在了吴国，称帝后又将韩熙载派到了太子东宫。

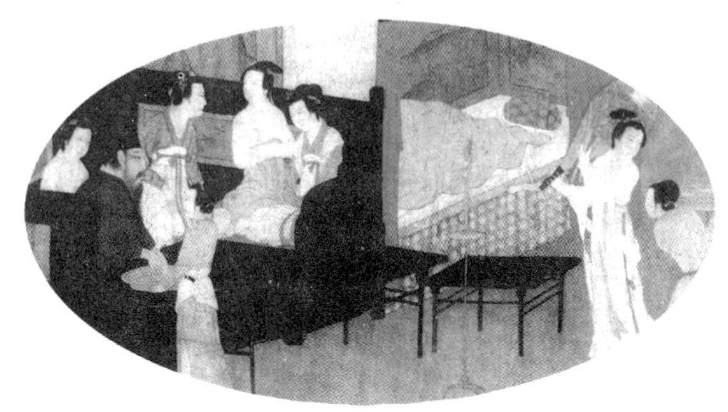

韩熙载夜宴图(局部)

韩熙载有才学，有抱负，在太子宫当值时，就与中主李璟谈诗论文，让李璟对他的才华有了更深的认识，也获得了李璟的信任，这都为他后来的升迁铺垫好了道路。李璟即位之后便给韩熙载升了官。开始任命的是虞部员外郎、史馆修撰。赐绯，也就是特赐穿红色官服。本来作为六品官的员外郎是没有资格穿五品以上官员的红色官服的，从这件小事可以看出李璟对韩熙载特殊的礼遇。之后多次升迁，担任负责起草诏令的重要官职中书舍人知制诰。韩熙载从此可以参与朝政，一展抱负。韩熙载也没有辜负李璟，对国政提出了很多建议，甚至不惜得罪权臣。

保大四年(946 年)八月，枢密使陈觉擅自调拨汀、建、抚、信等州军队进攻福州，中主李璟唯恐有失，命王崇文、魏岑、冯延鲁等率军共同攻取福州。次年三月，由于诸将争功，加上吴越军队的增援，南唐军队大败，损失惨重。四月，李璟下诏诛杀陈觉、冯延鲁等人，宋齐丘、冯延巳等从中斡旋，竟然免死，将陈觉流放蕲州，冯延鲁流放舒州。御史中丞江文蔚上表弹劾宰相冯延巳、魏岑怂恿进攻福州，应该治罪，结果反被贬为江州司士参军。在这场战争中，南唐元老宋齐丘与冯延巳大肆鼓吹开疆拓土，对发动这场战争起到了推波助澜的作用。于是韩熙载就与徐铉上表纠弹宋、冯二人与陈觉、魏岑等结为朋党，祸乱国事，并请求诛杀陈觉、冯延鲁等人，以正国法。李璟不得已贬冯延巳为太子少傅、魏岑为太子洗马，但是不久魏岑就官复原职，而冯延巳却被任命为昭武军节度使。

宋齐丘与冯延巳等人本来就对韩熙载不满，韩熙载此举更加深了他们的忌恨。数日后，由宋齐丘亲自出面诬告韩熙载嗜酒猖狂，因为宋齐丘的势力太大，李璟不得已，只好将韩熙载贬为和州司士参军，不久又调任宣州节度推官。在外州数年后，他才得以调回金陵重任虞部员外郎，等于转了一个大大的圆圈，又回到了最初所任的官职。后来从员外郎逐渐升任虞部郎中、史馆修撰。因为韩熙载毕竟是中主李璟当太子时的旧僚，且颇有才华，于是李璟又给他赐紫，即可以穿三品以上官员才能穿的紫色袍服。不久，韩熙载又被提升为中书舍人、户部侍郎。

虽然仕途不顺，但韩熙载并未放弃，一直渴望实现自己北伐中原、一统天下的抱负，直到淮南战败，形势完全转变，韩熙载才彻底对出兵中原丧失了信心。

955 年，后周大举进攻淮南，连败南唐军队，中主李璟数次遣使求和，皆不能如愿。次年，李璟命其弟齐王李景达为诸道兵马元帅，以陈觉为监军使，率大军抵御周军。韩熙载素知陈觉志大才疏，嫉贤妒能，上次统兵攻取福州，已是损兵折将，致使南唐国力遭到很大的削弱，所以上疏坚决反对。他说："亲莫过亲王，重莫过元帅，何必再任命监军使！"但由于先主李昪在世时，曾一度有意立李景达为太子，此事虽然未能实施，但毕竟在李璟心中已形成了阴影，把兵权交给李景达并不完全放心，所以才派陈觉进行牵制。在这种情况下，韩熙载的劝谏自然不会被采纳，然而李璟的固执己见，却为南唐军事的惨败埋下了很大的隐患。

这一时期南唐军队虽然屡败，但由于后周军队军纪败坏，所到之处，烧杀抢掠，激起了淮南人民的反抗，他们自动拿起武器，四处袭击周军；加之周世宗一度返回汴梁，南唐失去的州县又有不少相继被收复。南唐的寿州守将刘仁赡出兵攻击围城的周军得手，杀伤数万，焚毁其器械无数。在形势有利的情况下，刘仁赡派人至李景达驻扎的濠州，请求派大将边镐来守寿州，自己乘胜率军出城与周军决战。由于陈觉的干扰，刘仁赡的请求没有被批准，刘仁赡愤郁得疾。这时各地周军纷纷撤退，准备集中兵力攻取寿州，南唐诸将请求乘机据险邀击周军，而朝中权要担心事态扩大，李璟受朝中大臣蛊惑，也认为不可大举作战，于是下令不许部队行动，致使周军安然退至正阳，使寿州之围更加难以解救。李景达虽为元帅，却处处受到陈觉的牵制，军政大权实际控制在陈觉手中，而陈觉拥兵五万，无意决战，将吏畏其权势，无人敢言。正在双方相持不下之时，却发生了南唐大将朱元临阵叛变降敌的事件，致使局面不可收拾。此时朱元奉命担任淮

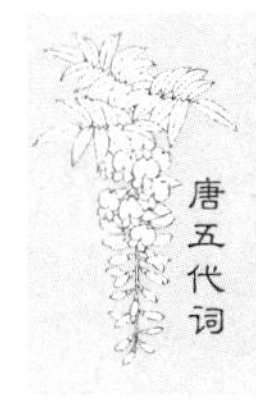

南西北面应接都监，他连下舒、和二州，驻军紫金山。朱元很得军心，也有将才，由他领兵是南唐的一大保障，可陈觉与朱元素来不和，竟想趁机夺去朱元的兵权，几次上书称朱元不可信，李璟遂命杨守忠替代朱元。朱元得知这一消息，悲愤交加，索性率军叛离南唐，投奔后周。朱元的叛逃引起了南唐诸军的崩溃，各州守备纷纷逃亡，南唐大败。

此战，李璟没有听从韩熙载的建议，以至割让土地肥沃的淮南十四州，从此失去了与中原争雄的跳板。之后南唐又被迫迁都南昌，躲避中原的锋芒。

在李璟时代，北方政权更迭，但为君者大都残暴，以武力争雄。南方诸国大都贫弱，南唐经历李昪和李璟两代帝王的经营，尤其是占领了淮河两岸的军事、经济重地，颇有实力北上中原，一争天下。可周世宗改革之后，推行善政，改革军制，国力空前强大。淮南一战，战胜，南唐即可北上；战败，从此只能偏居一隅，只剩下等待被屠杀的命运。

韩熙载夜宴图(局部)

韩熙载清晰地看到了南唐战败后的命运，更深深地感受到了个人面对时势的无力，他早年的雄心壮志终于随着这场战争的失败而消磨殆尽了。因此，在李煜时代，韩熙载一方面身为高官，有机会为南唐出力，可另一方面却不愿在朝中担任要职，为逃避任用，甚至不惜做出纵情声色，生活荒淫的样子。据《南唐书》记载，李煜看中韩熙载忠于朝廷，颇具才干，很想任命他为宰相。韩熙载不愿意承担宰相的重任，他曾经明确表示，“中原王朝一直对江南虎视眈眈，一旦真命天子出现，我们连弃甲的时间都没有了。在这种情况下，我如何能够接受相位，成为千古笑谈？”但是这种理由又不能直接对皇帝说明，于是在家里养了四十多名歌妓，让这些女子随意出入，甚至和家中门客混杂居住，完全不加约束，整个府第乌烟瘴气，混乱无比，同时韩熙载还假托有病，拒不上朝。作为一国重臣，斯文扫地，恣意享乐，又是在国家面临危难之时，李煜非常生气，把韩熙载贬为右庶子。韩熙载以为不再有做宰相的压力，就在赴任前将歌妓遣散，单车上路。临行之时写了一首《杨柳枝》：

风柳摇摇无定枝，阳台云雨梦中归。
他年蓬岛音尘绝，留取尊前旧舞衣。

似乎要与旧生活告别，不再沉溺于酒色之中了。李煜听到韩熙载的举动和这首词，以为这位大才子终于迷途知返，决定告别奢靡生活，十分高兴，立刻命人召回韩熙载，恢复他的官职，又将任他为相列上了议事日程。可没想到，仅仅过了几天，韩熙载又召回了那些歌妓，重新开始了豪奢淫逸的生活。李煜无奈地感叹，我真是拿他没办法啊！韩熙载这么做的原因，李煜始终不曾理解。

曾经心怀天下，有宰辅之志的韩熙载，面对南唐局势，面对天下归宋的大局，面对注定要当亡国奴的命运，只能选择逃避责任，拒不为相。970 年，韩熙载去世了，李煜非常悲痛，悲叹道："我始终不能够让韩熙载当宰相啊！"这份感叹既是对韩熙载不肯为相的无奈，更是为南唐和自己命运的悲哀。

971 年，李煜派弟弟李从善去宋朝，赵匡胤将其扣留。李煜亲自写信请求将李从善放回，赵匡胤拒绝。李煜一方面为弟弟身陷宋营而担心，另一方面则更清楚地意识到了宋的野心和南唐面临的威胁。

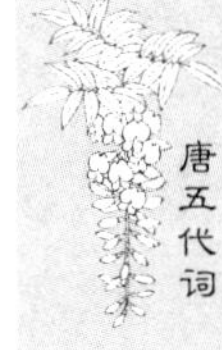

此时南唐最有名的将领是林仁肇。公元 955 年，周世宗怀着"十年开拓天下"的雄心壮志，于十一月挥军进逼淮河流域，进攻寿春（今安徽寿县）。林仁肇奉命援救寿春，收复濠州（今凤阳）水寨，因为战功显著，当时就被授予了淮南屯营应援使的官职。林仁肇英勇善战，又足智多谋，为破坏正阳桥粮道，他亲自率领千人敢死队，逆风举火，因为风势太大而未能焚毁木桥，被迫后撤。后周驸马、殿前指挥使张永德追击，频频发箭，都被林仁肇挡掉了。永德吃惊说："对方有能人，不可轻敌。"遂退兵。林仁肇一战成名。961 年，李煜即位，先后任命林仁肇为南都（今南京）留守、南昌府尹，予以重任。李从善被扣押后，林仁肇曾向李煜献策，称北宋连年征战，军队疲惫，淮南防务空虚，希望由自己率领精兵数万，渡江北上，立足淮南重镇寿春，以便收复淮河失地。这是一条铤而走险的路，李煜多年来一直表现出对宋的臣服，希望借此减轻宋对南唐的防范，缓解被吞并的危险，如今一旦出兵，就意味着公开和宋作对，很有可能会引来兵戈相向，甚至一着不慎，就是灭顶之灾。林仁肇当然知道这一点，他对李煜说，为了避免给国家带来灾难，可在自己起兵之日，将家中亲眷部属拘捕下狱，然后再向宋朝廷上表，指控林仁肇窃兵叛乱。换句话说，是要将起兵之事完全变成林仁肇的个人行为，那么如若事成，国家或可受益；一旦事败，林仁肇甘愿受杀身灭族之祸。能够完全不顾个人安危，甚至将家族命运都押上去，只求为国家谋取一线机会，耿耿忠心，日月可鉴。能得到像林仁肇这样的将领，实在是李煜的幸运。

李煜最终并没有同意林仁肇的建议，生性文弱保守的李煜，一贯的战略主导思想就是依靠长江天险，以守代攻，等待北宋军队水战失利，再图反攻。林仁肇的建议固然有一定的可行性，但风险极大，要知道南唐国内多年没有战事，而北宋军队是多年征战的劲旅，战斗力不可同日而语。本来，南唐的形势就非常不利，但还有周旋的可能，胜负存亡，还未可知。若是等到林仁肇被杀，那南唐真的就只有灭亡了。计策没有成功，林仁肇献策的事却传到了大宋，赵匡胤听到后又惊又怒，对林仁肇的才能相当忌惮，他认定，想要统一江南，就必须除掉林仁肇。于是，赵匡胤派人秘密潜入南昌，偷来了林仁肇的画像，挂在宫中别殿。然后特意在接见李从善时带他去看画像，还指着林仁肇的画像问："不知道王爷可否认识此人？这就是南唐大将林仁肇。他想归降我大宋，先派人送来自己的画像作为信物。"并远远指着一所宅院说："为了表彰林仁肇的忠心，我特意准备了这所房子送给他。"李从善见画像不假，又是赵匡胤亲口所言，便信以为真，于是派遣亲信秘密返回南唐，禀报李煜。李煜一听大怒，惊疑不定之际下令赐毒酒给林仁肇。林仁肇无法为自己辩白，含冤而死。杀林仁肇，无异于自毁抗敌长城。南唐翰林学士承旨、门下侍郎兼枢密使陈乔为此叹息说："国家形势到了这种地步，还惨杀忠良，真不知道何处是我葬身之地！"

973 年，宋太祖令李煜去开封，他托病不去，宋太祖遂派曹彬率军攻打南唐。没有了大将，也没有强大的军事实力，长江天险也被樊若水的浮桥战术攻破，南唐的抵抗在宋军面前不堪一击。公元 974 年十一月，曹彬攻克金陵。李煜肉袒出降，被俘到汴京，封违命侯。

南唐外交中成功的美人计
——陶穀的《风光好》词

韩熙载有位好友，名叫李穀，也是五代时的名臣，二人少年时代曾一同学习，约定要凭借才华出人头地。韩熙载出仕南唐时，李穀为后周的中书侍郎，二人虽各为其主，却依然保持着书信往来。韩熙载在一次通信中半开玩笑半认真地说："如果江南的君主任用我做丞相，我一定长驱直入，夺取中原！"李穀在回信中则回答道："如果中原的君主任我为相，那么我挥军江南，如同探囊取物一样容易！"可见二人都有辅佐圣主、统一天下的雄心壮志，只是两人命运相差甚多，多年后，李穀果然以丞相的身份亲征江南，这时韩熙载已去世数年了。在李穀挥兵南下前，后周曾派时任翰林学士的才子陶穀出使江南，打的是送书信的幌子，其实是要陶穀趁机打探南唐的实力和态度。李穀曾私下写信给韩熙载，说陶穀为人骄傲，喜欢被别人奉承，得用心接待。陶穀到了南唐，果然颐指气使，态度倨傲，李璟设宴款待他，他竟然全程不苟言笑，道貌岸然，还出言顶撞李璟，弄得南唐君臣敢怒不敢言。韩熙载也十分生气，对同僚们说："我们也做官多年了，什么场面没见过，哪有像陶穀这么过分的！我观察过了，这个人也不是什么正人君子，他现在的表现都是装出来的，不信你们等着看，我有办法让他原形毕露！"韩熙载找了借口，让陶穀暂时留在南唐，住在馆驿中，然后派当时有名的歌妓秦弱兰穿上粗糙的布裙，扮成驿卒的女儿，每日早晚在馆驿中打扫卫生。陶穀一个人久居馆驿，已是十分寂寞，每天都看到这名美貌女子，自然有些心动，又觉得秦弱兰举止优雅，不像是普通女子，就主动上前打问，秦弱兰谎称自己丈夫早逝，无处可去，只能回到娘家，帮着身为馆驿仆役的父母做些杂活。陶穀觉得秦弱兰天生丽质，又身世可怜，逐渐对她产生了好感，陷得越来越深，完全忘记了刚来南唐时的德行。时间过得飞快，陶穀马上就要回国了，此时他已经对秦弱兰用情颇深，恋恋不舍，专门写了一首《风光好》送给秦弱兰：

好姻缘，恶姻缘，只得邮亭一夜眠。别神仙。　琵琶拨尽相思调，知音少。安得鸾胶续断弦，是何年。

上阕写得风流旖旎，说两个人哪怕只在一起过一夜，也胜过做神仙，下阕则说此次分别不知何时才能相见，离别时的依依不舍尽在词中体现出来。几天后，李璟设宴款待陶縠，席上陶縠还是一副凛然不可犯的样子，李璟命人用大杯为陶縠敬酒，陶縠竟然理都不理。李璟也不生气，笑着拍了拍手，随着乐曲响起，一群舞女翩然而至，领头的就是秦弱兰，陶縠大吃一惊，还没反应过来，秦弱兰开口便唱，唱的正是自己写的那首《风光好》。韩熙载当着众人的面，详细介绍了秦弱兰的身份，还把这首词的来历添油加醋地说了一遍，引得满堂大笑。一时之间，陶縠惭愧难当，韩熙载暗中让秦弱兰领着一群歌妓轮流向陶縠劝酒，陶縠羞愧之中再不敢推脱，几轮下来，喝得酩酊大醉，呕吐不止，狼狈不堪，斯文扫地。南唐君臣因此更看不起陶縠了，到陶縠还朝复命时，只派了几个小官吏带着劣质酒在郊外的小亭子边为他送行，完全没有了来时的风光。事情到这里还没有结束，在陶縠作词之后，韩熙载派人将词和陶縠与秦弱兰的故事大肆渲染，在后周四处散播，等陶縠回国之后才发现，大街小巷都在传唱这首《风光好》。民间流传如此之广，朝廷自然也有所耳闻。周世宗本来欣赏陶縠的才能，想在他出使回来后就大加重用，这时却遭到了官员们的反对，说陶縠品行不端，不堪大用。周世宗也听到了一些传说，虽然没有因此惩罚陶縠，却再没有重用他。

不费一兵一卒就损失了对方一员大将，南唐这次的美人计运用得极其成功，韩熙载的政治才能体现得淋漓尽致。只可惜，这次外交上的胜利依然难以挽回南唐走向覆亡的命运。

凭阑惆怅人谁会，不觉潸然泪眼低

——李煜词中的大周后

都说帝王无情，虽有三宫六院，妻妾成群，却没有真情实感，很少对哪位妃嫔倾注深情。身为帝王需要权谋天下，不能沉溺于儿女情长固然是原因之一，皇家婚姻里的政治因素也是不能忽视的重要条件。从王子选妃开始，就是一场权势的争夺和势力的分布战，怎样通过联姻获得更多的支持才是皇室考虑的主要问题，在这种情况下，很难期望遇到与自己情投意合的另一半，而权势的制衡又在婚姻生活中起着举足轻重的作用，权势之下，没有爱情的婚姻也就自然形成了。从这个角度来说，李煜是幸运的，他的父亲李璟为他选择配偶的时候已经暗暗决定要把皇位传给他，所以千挑万选，选定了南唐开国元老周宗的女儿。周宗身为元老，有着旁人难以比拟的权威，又极善为人处世之道，还有天生的经商才能，既富且贵，人缘又好，是当时炙手可热的权贵。选定周宗作为亲家，当然是出于巩固帝王权势的需要，李煜的幸运却在于父亲出于政治目的为他选择的妻子——周宪正是和他情投意合、琴瑟和鸣的佳偶。

周宪，小字娥皇，相貌出众，颇有文采，又有极高的音乐才华，尤其擅长琵琶。据说在为中宗李璟庆祝生日举行的宫廷宴会上，周宪的琵琶演奏让李璟十分欣赏，为此特意把宫中收藏的极为珍贵的一把“烧槽琵琶”赠给了周宪，寄意周宪用这把琵琶弹奏出更为美妙的旋律。周宪也的确不负众望，李煜爱填词，她就常常把填好的新词谱上新的曲调。有一次周宪与李煜雪夜宴饮，周后举杯请后主起舞，后主说：“你要是能现在就创出新声，我就跳。”周宪马上命人拿来纸笔，一边唱，一边记录，喉无滞音，笔无停思，很快就写好了新谱，命名为《邀醉舞破》，后来又作有《恨来迟破调》等自创曲，流行一时。唐代宫廷著名的《霓裳羽衣曲》，在五代时已经失传，只留下残谱。李煜拿到残谱后交由周宪加以整理，改用琵琶弹奏，使这一唐代大曲复传于世。据说，唐音原谱的曲调是比较舒慢的，经周宪修改，变为急促的旋律，结束时戛然而止。当时任中书舍人的徐铉听到修改后的乐曲，曾问乐师为什么变快了，朝中乐师曹生说：“是宫中贵人修改的结果，只是如此改谱，恐怕不是吉兆。”其实曲调的快慢只是大周后创新修订的结果，只是南唐当时所处的形势并不乐观，急促的旋律又给人一种短暂、即将结束的感受，就难免让人与时势结合，有不祥之感了。抛去这段议论，周宪能够凭借自己的才华将失传的曲谱再现于世，音乐造诣可见一斑。除了音乐以外，周宪通书史、善歌舞，游戏下棋都很精通，还曾经自创了高髻纤裳、首翘鬓朵的装束，被很多人模仿和推崇。这样一位温柔美丽的才女与爱好文学艺术的后主李煜真可谓情投意合。李煜即位后，马上立周宪为皇后，即大周后，十分宠爱，二人时常在宫中设宴，一同观赏歌舞，李煜的词作记录了他们这段最美好的生活。

玉楼春

晚妆初了明肌雪，春殿嫔娥鱼贯列。凤箫声断水云闲，重按霓裳歌遍彻。　　临风谁更飘香屑，醉拍阑干情未切。归时休放烛花红，待踏马蹄清夜月。

浣溪沙

红日已高三丈透，金炉次第添香兽，红锦地衣随步皱。　　佳人舞点金钗溜，酒恶时拈花蕊嗅。别殿遥闻箫鼓奏。

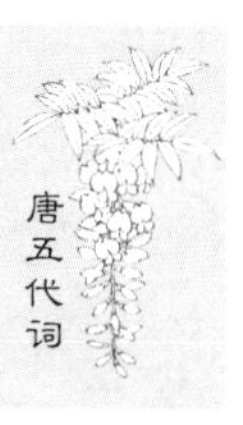

宫廷中的晚宴从歌舞开始，美丽的宫娥们细心装扮，肌肤如同白雪般光洁，她们随着箫声翩翩起舞，经过大周后巧心编排的《霓裳羽衣曲》在尘封多年后又在南唐的宫殿中重新奏响。宫中主香的宫女拿着香粉屑四处飘洒，让宫殿里弥漫着淡淡的香气，暗香萦绕。酒宴结束后，带着微醺的醉意，归来路上熄了烛火，正好欣赏这清夜月色的美景。

宴会结束时已经是深夜，参加宴会的人又大多醉意朦胧，自然一夜好眠。宫廷的第二天开始得格外晚，直到红日高照，才有宫人走动添香，红锦地毯随着宫人脚步被踏出褶皱。新的一天依然伴随着歌舞盛宴，佳人恣意舞动，连头上的金钗都被跳跃的舞步晃松了掉在地上。王公大臣们不胜酒力，随手拈起花蕊嗅闻，以解酒气。这时听到旁边宫殿传来的箫鼓声，可见宫廷之中，处处笙歌，尽在享乐。宋代陈善在《扪虱新话》里评论这首词说，帝王文章自有一般富贵气象，说后主的宫词“红日已高三丈透”虽然和“时挑野菜和根煮，旋砍生柴带叶烧”这一类诗句不同，但终究只是富贵气，缺乏帝王气度。然而就算是富贵气，李后主所享受的富贵也是寻常人家望尘莫及的。

据说南唐灭亡后，有大将劫走了李煜的一名宠姬，想要讨好她，谁知这名宠姬见到灯火就闭上眼睛，说有烟气，大将命人换上蜡烛，宠姬眼睛都不睁，就说烟气更大了。大将很好奇，就问她："难道你在宫里都不用蜡烛吗？"宠姬回答说，李煜的宫中从不用烛火照明，一到夜晚，就悬挂起硕大的明珠，照得整间屋子像白昼一样。宝珠照明，临风洒香，李煜和大周后的宫廷生活很雅致，也极尽奢华，可谓享乐到了一定的境界。

与心爱之人一同享受奢侈繁华的生活固然美好，这样的日子却并不长久。大周后得了重病，虽然有李煜的精心照料，却迟迟不好，就在这时，又发生了一场意外。大周后和李煜的小儿子名叫仲宣，自幼聪明伶俐，三岁的时候就能够完整地背诵出《孝经》，小小年纪就颇有王者之风，一向很得大周后和李煜的疼爱。大周后生病时，仲宣才四岁，已经知道为母亲担忧了，还特意去佛殿里为大周后祈福。没想到就在这时，忽然蹿出一只大猫，打翻了佛殿里的琉璃灯，灯坠地时脆裂声极大，正在专心祈福的仲宣没有防备，再加上年龄幼小，受到这么大的惊吓，当时就抽搐不已，很快便不治身亡了。李煜怕大周后听到仲宣意外身亡的消息后悲痛伤心，影响病情，所以千方百计地隐瞒，但最终还是被大周后知道了。本来就病体未愈，再加上丧子之痛的沉重打击，没熬几天，大周后就香消玉殒了。去世前，大周后亲自将李璟所赐的烧槽琵琶和平时戴在手臂上的玉环交给了李煜，希望李煜睹物思人，又亲手写下遗书，希望薄葬。安顿好身后事，大周后自己沐浴更衣，按照葬礼的规矩，在口中含上玉石，平静地死在了居住的瑶光殿中，这一年大周后才二十九岁。几天之中，痛失爱妻爱子，李煜的痛苦和悲伤难以言表，他亲手刻了石碑，将石碑与大周后平时喜爱的烧槽琵琶一同陪葬给周后，又写了悼文，文中自称"鳏夫煜"，全文以痛失妻子的丈夫身份诉说哀痛，洋洋洒洒几千言，写得极为酸楚。他还为妻子和儿子写了两首挽词。

珠碎眼前珍，花凋世外春。未销心里恨，又失掌中身。　玉笥犹残药，香奁已染尘。前哀将后感，无泪可沾巾。

艳质同芳树，浮危道略同。正悲春落实，又苦雨伤丛。　秾丽今何在？飘零事已空。沈沈无问处，千载谢东风。

"未销心里恨，又失掌中身。"爱子夭折已是心中难以弥补的遗憾，还没有等到时间缓解这份伤痛，又要面对妻子的逝去，“前哀将后感，无泪可沾巾。”巨大的打击接踵而至，即便贵为九五之尊也无力挽回，哀恸至极，想要痛哭一场发泄心中愁闷，却发觉已是欲哭无泪，“沈沈无问处，千载谢东风。”只有心底难以言表的痛苦时时萦绕，无从消解。

花明月暗笼轻雾，今宵好向郎边去
——李煜词中的小周后

大周后去世后，李煜又立她的妹妹为后，称“小周后”。小周后也是位颇有才华的女子，比起大周后来更是活泼美丽。据说在大周后生病期间，小周后入宫侍奉姐姐，却和姐夫李煜私下往来，暗通款曲。大周后病得昏昏沉沉，并不知道妹妹就在宫中，有一天忽然清醒过来，看到自己妹妹站在床边，惊诧地问：“是妹妹在这里吗？”小周后还不懂得避嫌，直接回答说已经入宫数天了，大周后心中不悦，翻过身去再也没有理睬小周后。可见当时大周后就已经意识到这个守在身边的妹妹可能会对她的身份产生威胁，对于李煜和妹妹的所作所为也并不是完全不知情，甚至应该说是知情后十分怨恨的。的确，大周后病重时，小周后就已经和李煜在暗中幽会了，李煜的《菩萨蛮》写的就是两人在宫中私会的情景：

花明月暗笼轻雾，今宵好向郎边去。刬袜步香阶，手提金缕鞋。　　画堂南畔见，一向偎人颤。奴为出来难，教君恣意怜。

两人相约在夜半的画堂南畔，为了不被姐姐和宫人发现，小周后脱了鞋子，提在手中，踮着脚轻轻走过台阶去约会。见面要躲着众人耳目，偶尔的私会来之不易，相见时就格外甜蜜缠绵。“奴为出来难，教君恣意怜”两句，因为写得狎昵至极，颇受后人诟病，认为有失帝王身份，但就词作本身来看，写出了正沉浸在炽热爱恋中的恋人难得相遇，忘却所有，尽情倾诉情意的动人场景，景真情真，婉转动人。

大周后去世后，小周后就留在了宫中，又赶上钟太后过世，李煜服孝，一直到开宝元年，才正式被封为皇后。这时后主的《菩萨蛮》早已流传开去，宫廷民间都知道小周后未得封前就与后主私会，再加上小周后是为了照顾生病的大周后才入宫，却在入宫后与李煜生情，引起了人们的不满。小周后获封时，以韩熙载为首的一批大臣都写诗讽刺李煜，当时民间流行的童谣也唱：“索得娘来忘却家，后园桃李不生花。猪儿狗儿都死尽，养得猫儿患赤瘕。”“娘来”指再娶周后，猪狗死指戊亥年结束，“赤瘕”指眼病，猫得了眼病就看不到老鼠，意思是南唐覆灭，不见丙子年。后世人们对李煜续娶小周后一事也有颇多议论，许嵩庐在诗中写道：

弱骨丰肌别样姿，双环初绾发齐眉。
画堂南畔惊相见，正是盈盈十五时。
多少情悰眼色传，今宵刬袜向郎边。
莫愁月黑帘栊暗，自有明珠彻夜悬。
正位还当开宝初，玉环旧恨问何如。
任教搴幔工相妬，博得鳏夫一纸书。
一首新词出禁宫，争传纤指挂双弓。
不然谁晓深宫事，尽取春情付画工。

从二人相见时小周后的年龄、画堂南畔的私下约会，到小周后正式封后，大周后空留下玉环遗恨，李煜虽自称鳏夫却续娶小周后，再到李煜词作流出后宫，才使得这段风流韵事为众人得知，这首诗将后主与小周后的一段情事从头至尾交代了出来，更有画家据词作画《小周后提鞋图》，模拟当时情状。张宗橚则毫不留情地批判后主一面作出对大周后情深意切的姿态，一面和小周后私会：

别恨瑶光付玉环，诔词酸楚自称鳏。
岂知刬袜提鞋句，早唱新声《菩萨蛮》。

别巷寂寥人散后，望残烟草低迷
——李煜破城词《临江仙》

就在李煜与大小周后享受宫廷奢华生活的过程中，南唐不敌大宋的步步紧逼，终于在被围城近一年后，开城出降。据《西清诗话》、《墨庄漫录》等记载，在城破前，李煜曾在佛前作文祈愿，愿兵退后造佛像若干身，菩萨若干身，斋僧若干员，建殿宇若干所，等等。可见李煜当时已知守城无望，寄希望于神佛庇佑。据载此时李煜还作有《临江仙》一首：

樱桃落尽春归去，蝶翻金粉双飞。子规啼月小楼西，玉钩罗幕，惆怅幕烟垂。　　别巷寂寥人散后，望残烟草低迷。炉香闲袅凤凰儿。空持罗带，回首恨依依。

按诗话记载，宋军攻城时后主还在城中作词，词只写到“望残烟草低迷”一句就已然城破。后人评论说：“如果李煜能把写诗的功夫用在治国上，也就不至于做俘虏了”。这种说法实际并不可靠，因为破城是在十一月，而词中所写是春归，比较符合实际的说法应该是这首词写于宋军围城期间，从看到春尽时的景物引出自己难堪的情状，虽不是破城之词，亦可见亡国之哀。

刘壎在《隐居通议》中举了这首词，用以比较开国君主与亡国之君的差异：“汉高祖的大风歌说：‘大风起兮云飞扬，威加海内兮归故乡。安得猛士兮守四方？’宋太祖的咏日出诗说：‘欲出未出红剌剌，千山万山如火发。须臾捅出大金盆，赶退残星逐退月。’陈后主的诗写道：‘午醉醒来晚，无人梦自惊。夕阳如有意，偏傍小窗明。’南唐李后主的词道：‘樱桃落尽春归去。’把这四个人的诗词放在一起来看，开辟一片基业的英雄之主和亡国衰弱之君，气象之不同，很容易就能看出来。”的确，汉高祖与宋太祖的诗作带有帝王的霸气，其中展现的政治家的胸怀也是常人难以企及的。李煜投降后，宋太祖曾在一次宴会上问他：“听说你善于作诗，举一首来听听吧。”李煜想了很久，挑了《咏扇》诗的一句：“揖让月在手，动摇风满怀。”太祖说：“就是满怀的风，又能有多少呢？”在座的侍臣无不叹服。表面上，是宋太祖和李煜在探讨诗词，可实际上，是二人在胸襟气度上的比较和差异。太祖刻意要李煜念诗，就是要看这位文名大盛的才子君王到底能拿出多有气魄的诗句。李煜深知其中关键，经过深思熟虑，特意举出了一首不带一丝儿女情长，又自认颇有气度的诗，可还是被宋太祖视为胸怀不足。太祖后来曾对身边的大臣感慨：“好一个翰林学士！”将李煜定位为一个文人，而不是政治家，更不是一代君王。《扪虱新话》里还记载了徐铉见宋太祖的故事。徐铉见太祖时大肆夸耀李煜的文采，当场诵读后主咏月诗，想用文采压倒宋朝廷的气势。太祖听到后笑着说：“你念的这首咏月诗一听就是文人写的，我是写不了这样的诗作，倒是曾经在夜晚路过华阴道，正好碰到了月出，我随口吟了几句诗：‘未离海底千山暗，才到中天万国明。’”徐铉听后不觉惊骇叹服。在后主与太祖的较量中，无论是国事还是文学，都是以后主落败而告终的。

最是仓皇辞庙日

——李煜《破阵子》词

李煜的词作以国破被俘为界限，分为前后两期，他的名作《破阵子》描写的正是兵败臣服于宋而被迫离开故都之时的场景。

四十年来家国，三千里地山河。凤阁龙楼连霄汉，玉树琼枝作烟萝。几曾识干戈？　　一旦归为臣虏，沈腰潘鬓消磨。最是仓皇辞庙日，教坊犹奏别离歌。垂泪对宫娥。

虽为名作，但因为有“最是仓皇辞庙日，教坊犹奏别离歌。垂泪对宫娥”一句，这首词遭到苏轼的激烈批评。苏轼在《东坡志林》中写道：“后主既为樊若水所卖，举国与人，故当恸哭于九庙之外，谢其民而后行，顾乃挥泪宫娥，听教坊离曲哉！”乍一看，东坡的指责颇有道理：这个亡国之君，被人背叛导致灭国，现在已经到了要把自己的江山拱手让给别人的时候了，竟然丝毫不因为自己愧对祖宗，而去供奉祖先牌位的九庙痛哭谢罪，反倒听着小曲，和宫女们难分难舍。这真是太没有道理，也太昏庸荒诞了！然而细细体味全词，我们就会发现，苏轼这位大家，千虑也有一失。李煜在这里是借事抒情。文学是艺术地再现生活，表达感情，让我们通过对这首词的仔细分析来体会词人的真实感情。

词人从今忆昔，今昔对比，无限悲哀悔恨，无颜面对三千里山河。尴尬出降那刻骨铭心的一幕，至今犹在目前。长年生活在宫廷、贵为国主的李煜，“凤阁龙楼连霄汉，玉树琼枝作烟萝”，宫廷中的美景良辰，那一幕幕一场场的歌舞盛宴仿佛还在眼前，这些美景歌舞都和李煜一样，不曾经历战争的摧残，他们甚至根本就不知道战争意味着什么，也压根儿想不到这看似陌生的“干戈”，会让“四十年来家国”转瞬之间易主，让贵为国君的李煜沦为阶下囚。对于帝王来说，李煜习惯的，是别人在他面前称臣叩拜，一旦自己变成了任人宰割的“臣虏”，他是怎样都无法接受这残酷的现实。内心极度的痛苦不断地折磨着李煜，内在的煎熬影响了他的外貌，“沈腰潘鬓消磨”，这位风流的皇帝此时已是人瘦发白，憔悴不堪了。三国时的蜀后主刘禅被俘后乐不思蜀,这未尝不是一种自我保护的策略。作为降臣,早日做出接受现实、忘却过往的姿态,才能够让当权者放下心来,求得平安度日的机会。而李煜却念念不忘他的家国、山河、宫殿,并对过去的种种充满懊悔,对于亡国之君而言,这并不是明智的做法,很容易招致杀身之祸,但对于一位至真至性的词人来说,这是他真实感情的真切流露,难能可贵。

就这首词的结构来看,前四句极力铺陈故国河山、宫殿楼阁的壮丽辉煌,至歇陡转,反映出词人命运的剧烈变化,文情相得益彰。下片转写词人归为臣虏之后的处境。他不便直说生活的困窘、心情的恶劣,只以外貌的变化来含蓄表现。据《宋史·南唐世家》记载,李煜被俘入宋后曾向宋太宗诉说生活贫困,太宗知道后增加了他的月俸。可见当时李煜被俘后不仅行动上受监视,精神上受折磨,就连物质生活也并不宽裕。发白腰瘦,既是精神的折磨所致,也未尝不是物质生活的匮乏所导致。最后三句,又由眼前折回过去,临别南唐时的情景仍历历在目。当初拥有时觉得平平常常,现在一旦被人夺去,内心的屈辱伤心可想而知。他忘不了"仓皇"离开金陵时的惨痛情景,那是他生活发生巨大改变的转折点,当初的种种凄惨情形,至今回想起来仍是历历在目。苏轼责怪李煜离开金陵时本应该向其国民、祖先谢罪,而不应该"垂泪对宫娥"。但对宫娥垂泪,是李煜当时真情实事的写照。李煜非贤君,误国亡国,他固然难辞其咎,然而国亡之日,昔日"忠信满前",今日"满朝朱紫尽降臣",他万千悔恨,满腔热泪,洒向谁人呢?只有"挥泪对宫娥!"其词何简,其意何长!

苏轼是宋代文坛的大家,诗、词、文皆精,书法、绘画兼能,在文艺鉴赏方面有许多独到的见解。但是苏东坡也有失误的时候,在这首词的见解上,苏东坡这个诗词创作的行家,恰恰忽略了诗词的藏而不露,因小见大,言近旨远这一点。

问君能有几多愁，恰似一江春水向东流
——李后主的绝命词

从一国之君沦为阶下囚，李煜遭受的耻辱和折磨是常人难以想象和承受的。窅娘是后主嫔妃，极善舞蹈，自创金莲舞。李煜很欣赏窅娘的舞蹈，专门为她打造了金莲台，让她在上面跳舞。南唐灭亡后，窅娘随李煜归宋。宋太宗为了看金莲舞，特意命人将金莲运到了宫中，窅娘无法推脱，又不愿讨好太宗，更不愿因此被太宗收入宫中，于是在一曲终了后毅然自尽。受到侮辱的又何止窅娘，龙衮的《江南录》记载："小周后随后主归朝，封郑国夫人，例随命妇入宫，每一入辄数日，出必大泣骂后主，声闻于外。后主多宛转避之。"李煜与小周后的感情远胜过寻常帝后，昔日画堂畔的约会还历历在目，如今却眼看着小周后受辱而无能为力。李煜心中的痛苦难以言表，在写给旧日宫人的信中，李煜陈说在宋的生活是："此中日夕，只以眼泪洗面。"他的苦闷和悲痛不能对人倾诉，只能写在一首又一首的词作中，尽管如此，也依然逃脱不了被杀的命运。

南唐旧臣徐铉归宋后颇得太宗重用，官至左散骑常侍。太宗有一日问徐铉可曾见过李煜，徐铉回答说没有旨意，不敢私下相见。太宗就命徐铉奉旨去探望李煜。徐铉到了李煜居所，只见一名老卒在门口看守，徐铉上前说要见李煜，老卒称皇帝有旨，不让李煜与人来往，听说徐铉是奉旨前来，才进门通报。徐铉进门后站在庭中等候，老卒进门取出了两把旧椅子对面放下，等徐铉与后主坐下说话，徐铉看到后告诉老卒，只要在正厅放一把椅子就够了。一会儿，后主穿着道袍带着纱帽走了出来，徐铉刚要行礼，后主就快步从台阶上走下来挽住了徐铉的手，拉着他走进正厅。徐铉仍想向后主行宾主之礼，后主以身份不同，"今日岂有此礼"拒绝了。二人落座后，后主握着徐铉的手，大哭不已，痛哭过后沉默许久，忽然长叹道："当时悔杀了潘佑、李平。"潘佑和李平都是南唐的官员，感于国势窘迫，主张变法，提倡回归《周礼》的井田制，以增强国力。因为变法的建议触犯了一些官员利益，潘佑、李平被诬陷为妖言惑众，犯上作乱，李煜顺风倒，致使潘佑自杀于家中，李平自缢于狱中。李煜在这时提到后悔杀了这二人，分明是对归宋心存不甘，悔恨当初没有变法自强。徐铉回去后被太宗召见，问他探望李煜

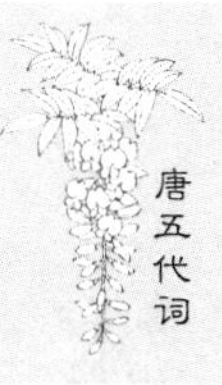

的经过，徐铉不敢隐瞒，就把李煜的话告诉了太宗。宋太宗听到这席话很是生气，认为李煜不满足现在的身份，还有图谋不轨的想法。

此后不久，恰逢七夕节，这天也是李煜的生日，在太宗赐给李煜居住的宅院里，从南唐追随后主而来的宫人们为李煜过生日，举办了一场宴会。席间，歌女们奏乐歌唱，享受着短暂的快乐。然而歌舞声传到了院外，有心人告诉太宗，李煜身为臣虏，不安心反思，还在宅中作乐，太宗对李煜更加不满。再加上李煜所作的《虞美人》词也被传入太宗耳中，原词如下：

春花秋月何时了，往事知多少？小楼昨夜又东风，故国不堪回首月明中。　　雕栏玉砌应犹在，只是朱颜改。问君能有几多愁，恰似一江春水向东流。

词作由追怀往事开头，今昔对比，日日以泪洗面，所见春花秋月只让人觉得岁月漫长，难以消磨。小楼又一次迎来了春天，楼中人却因为思念故国而痛苦不堪。遥想故园，宫廷中的雕栏玉砌都应该和旧日一样，唯独宫廷的主人已经不再是以前的那一个，一切过往的人事都已然变迁，无法挽回。此情此景，令人愁肠百转，如同江水东流，永无止息之时。词作毫不避讳地提到了故国、朱颜，是以君王的身份怀念过往的生活，直接激怒了宋太宗，就在七夕夜赐下牵机药毒死了李煜。

与李煜有相似遭遇的，是吴越的后主钱俶。钱俶归降宋王朝后，曾做有“帝乡烟雨锁春愁，故国山川空泪眼”的词句，其中蕴含的国破家亡，转瞬之间从君王到臣虏的感时伤事之情，与李煜的《虞美人》词异曲同工，体现了这两位亡国之君内心深处的不甘与无奈。钱俶也因此为宋太宗所不容，在生日被赐死，与李煜的遭遇何其相似。可见随着国家的灭亡，昔日的帝王沦为俘虏，即使再努力地在夹缝中求生，最终也难逃被赐死的命运。失去了自己的家国，就注定了不得善终的结果。

李煜是词史上有着显著地位的词人，“作个才人真绝代，可怜薄命作君王”，这是他个人的悲剧。李煜的卓有成就之处就在于成功地运用词这一文学形式，细腻、生动地描写了从一个帝王到阶下囚的亡国皇帝的特殊心境，艺术价值极高。

敦煌词

所谓敦煌曲子词，是指在莫高窟发现的几百首写本曲子词，这些词是唐朝的民间词，类似于民歌性质。与传统的文人词不同，民间词大多感情强烈，语言直白，带有独特的质朴明快的特点。在题材方面，除了传统的爱情词外，还有很多反映当时百姓真实生活的词作，涉及商贾、妓女、征夫、思妇等等，内容十分丰富。

枕前发尽千般愿

——敦煌词中的爱情词

就爱情词来说，敦煌词中表达爱情的词作直白热烈，和文人词的婉约形成了鲜明的对比。

菩萨蛮

枕前发尽千般愿，要休且待青山烂。水面上秤锤浮，直待黄河彻底枯。　　白日参辰现，北斗回南面。休即未能休，且待三更见日头。

这是情人间的誓词，只有八句，却包含了极为浓烈的感情。主人公开头就说明这是发自内心的誓愿，是对心上人的誓言：如果要这爱情休止，除非青山都夷为平地，秤锤浮在水面上，等到黄河彻底干涸，大白天能同时看到参星和辰星，北斗星从南面出现，即便这样，我们的爱情还是不能中断，除非是半夜三更出太阳。一共八句话，包含了六种不可能出现的现象，这些都是主人公以忠贞热烈的感情激发的想象，这些想象反复表达了主人公的愿望，那就是天长地久的爱情。真正的爱情并不是时刻厮守在一起，而是无论身处何地，无论什么境遇，都有着期望——永不分离的愿望，如果没有这种愿望，厮守也是徒劳。在主人公眼中，爱情与山河同在，与日月共存，甚至当自然界看似永恒的一切都发生变化，爱情也是恒久不变的。

这首词很容易让我们联想起汉乐府《上邪》。

上邪！我欲与君相知，长命无绝衰。山无陵，江水为竭，冬雷震震，夏雨雪，天地合，乃敢与君绝！

一样是开口便起誓，用的也都是最寻常的自然现象，山本来就有起伏，江水常年奔流，夏天打雷冬天下雪，这都是再自然不过的，而这一切的存在也是人们印象中恒久不变的，主人公用自然现象起誓，本身就是用自然的恒久不变来祈望爱情的不变,即便这样也还嫌不够,还要说,即使这些不可能发生变化的事物都变化了,就连天地都要合在一起,才能够和你分离。为了爱情盟誓,是从古至今都不曾缺少的。相爱的人渴望让对方了解自己的心意,渴望自己的爱情天长地久,渴望相爱的幸福感动天地,为了所爱之人,情愿付出所有,这些体现在文学作品中,就变成了饱含情意的声声誓言。如果说这誓言在文人词中是以委婉含蓄的方式道出的,那么在民间词里,就化作了热辣直爽的呼喊。《菩萨蛮》和《上邪》就是如此,没有华丽的语言,没有花哨的形象,只有生活中最常见的事物,生活中最平实的语言,可正是用这朴实的语言表达出的最自然的愿望和最强烈的爱情,才如此打动人心,一听之下,振聋发聩。

莫攀我，攀我心太偏
——敦煌词中的伎情词

除了爱情词，敦煌词中还有一部分伎情词。畸形的商业经济发展的附属物——歌妓，是富商巨贾和达官贵人“贪欢逐乐”的对象，伎情词反映了在富商巨贾、无耻官僚的践踏摧残之下的歌妓极为苦痛的内心世界。

比如下面这首《望江南》。

莫攀我，攀我心太偏。我是曲江临池柳，者人折了那人攀。恩爱一时间。

以杨柳比歌妓，唐宋诗词中较为多见。如唐代崔国辅《少年行》：“章台折杨柳，春日路旁情。”再如唐人小说《章台柳传》也以“章台柳”喻妓女柳氏。韩翃寄柳氏词曰：“章台柳，章台柳，颜色青青今在否。纵使长条似旧垂，也应攀折他人手！”均以章台柳喻妓女。

另外，宋代杨湜《古今词话》引有一首显然受这首《望江南》词影响的无名氏《望江南》，题为《谕及第友人》，是对友人的劝诫之作：“这痴呆，休恁泪涟涟。他是霸陵桥畔柳，千人攀了到君攀。刚甚别离难。”也是用桥边柳枝来比喻歌妓，认为这些女子并没有真情实意，无论遇到什么人，都是逢场作戏。劝诫陷入恋爱不能自拔的友人及早认清现实，不要贪恋风情。

在有关诗词中，多用章台柳、霸陵柳、曲江柳来比喻妓女，因为章台、霸陵、曲江都是唐代长安的繁华地区，歌楼酒肆多集中于此，自然有很多歌妓居住在这些地方，所以才有了这些代称。

这首敦煌《望江南》词，抒情主人公以“曲江临池柳”自比，正说明这位女性对自己命运清醒的认识。曲江池边生长的杨柳，没有人看护，没有人爱怜，路过的行人看到碧色柳枝便随手攀折，一时喜爱之后又随手抛掷，丝毫不会将丝丝缕缕的柳丝放在心上。就像是陷入风尘的女子，迎来送往，强作欢颜，一时片刻的温存之后，那些寻欢作乐的男子就会转身离去，什么甜言蜜语，什么海誓山盟，都只是逢场作戏。在这风尘之地，根本不会有真情，也根本不会有人真心对待这些女子。杨柳任人攀折，没有自由，妓女们也是一样，地位低下，无人尊重更无人在意。然而身处这样的环境，她们还能保有内心的善良，这首词并不是单纯的自怨自艾，而是在用词劝诫沉迷于欢场的男子。她直率地告诉对方，她不能主宰自己的命运，即使她感受到对方情深义重，接受对方的爱，也爱对方，但最终也摆脱不了“者（即“这”）人折了那人攀”的处境和命运。既然身不由己，命不由己，所以她苦劝爱她的那位男子不要太钟情于她（太心偏）。因为歌妓之“恩爱”仅是“一时间”！

用柳条任人攀折来比喻自己任人蹂躏的悲惨命运，这首词用简单的语言写出了封建时代妓女们的凄惨生活，字字句句都凝结着风尘女子的血泪。虽然是民间词，没有过多的修饰和华美的词语，更没有细腻的心理描写，可这直白的比拟和诉说，其中蕴含的深深的伤悲以及身不由己的无奈，已然胜过万千华章。正如一位论者所说：从这位妓女的劝诫中，我们既可看到她对“永久恩爱”的渴望，又可以感到她连“瞬间恩爱”也不可得的悲哀，她对被人频繁无度地攀折感到厌倦和痛苦。她也看透了即使会有的“恩爱”，不是异常虚伪，便是十分短暂。她正是怀着这复杂的心情来喊出“莫攀我”的！这喊声中，包含了积愤、悲哀，也透着善良、温情和希望。

歌手黄安化用这首词，改编成了歌曲：

君莫攀，攀我太心偏。今日相见一曲上青天，红红的花儿开在谁家门前，恩爱在一时间。　　君莫攀，攀我太心贪。今日相见淤泥化红莲，说过的话儿把它放在心间，谁能担保不改变。　　谁说人生总要先苦后甜，无奈人老如何再少年，一半是添一半是减，最难是画一个圆。君莫攀，攀我太心贪。今日相见淤泥化红莲，说过的话儿把它放在心间，谁能担保不改变。

虽然是化用了原词，但意义却和这首《望江南》完全不同了，重点放在了感慨时光的流逝、世事的变迁上，“恩爱一时间”的原因从身份的无奈变成了对时间改变一切的无奈，与词作大相径庭。

敦煌词中还有一首《抛球乐》词，也是写妓女的不幸遭遇的。

珠泪纷纷湿绮罗,少年公子负恩多。当初姊妹分明道,莫把真心过与他。仔细思量着,淡薄知闻解好么?

词中抒情女主人公可能曾真心地爱上一位花花公子，正因为爱得真心,对方的负心就使她倍感痛苦。她悔恨没有听从姊妹们的劝告;她幽怨痛愤的发问,我的这一片痴情,那薄倖的人儿可曾知道?烟花之地,多的是逢场作戏的纨绔子弟,和身不由己却渴望真正爱情的可怜女子,将一时的甜言蜜语误以为真,就会上当受骗,饱受折磨。元代的戏曲《救风尘》写的就是这样的故事:妓女宋引章本与安秀才有约,后被恶少周舍花言巧语所惑,不听结义姐妹赵盼儿相劝,嫁给周舍。婚后宋引章饱受虐待,写信向赵盼儿求救。因周舍不肯轻易放过宋引章,赵盼儿巧用计策,假称要嫁给周舍,要求周舍先休了宋引章。骗得休书后,周舍发觉上当,到官府状告赵盼儿诱拐妇女。赵盼儿反告他强占有夫之妇,使安秀才到堂作证,又出示周舍亲手所写休书。赵盼儿证据确凿,周舍败诉,受杖刑责罚,宋引章与安秀才结为夫妇。故事里的宋引章身在烟花地,却单纯善良,被周舍一时的殷勤温存所欺骗,不理会姐妹的好心劝告,结果饱受折磨。好在有赵盼儿义气相救,又有安秀才真心相待,才算是有了完满的结局。戏曲反映现实生活,也美化了现实,给了人们美好的期待,然而在现实生活中,欺骗与折磨是常见的,完满的结局却是少之又少。

一旦身为妓女,犹如身陷火坑,备受身心折磨,即使偶有跳出火坑,又为人妻、为人妾,或暂为别室的,也总是为男方猜忌,为家庭不容,为社会歧视,其结局也多为悲剧。敦煌词中描绘的妓女生活就是她们悲惨人生的真实写照,现在看来依然让人同情不已。

情事共谁亲

——敦煌词中的风情词

敦煌词中联章体《南歌子》二首所展示的是一幕悲喜剧。

斜倚朱帘立，情事共谁亲？分明面上指痕新。罗带同心谁绾？甚人踏破裙？　蝉鬓因何乱？金钗为甚分？红妆垂泪忆何君？分明殿前实说，莫沉吟！

自从君去后，无心恋别人。梦中面上指痕新。罗带同心自绾，被猕儿踏破裙。　蝉鬓朱帘乱，金钗旧股分。红妆垂泪哭郎君。妾是南山松柏，无心恋别人。

男主人公出门了一段时间，忽然回家，却发现家中爱人神色有异，心中马上生出了许多疑惑，开口便问："你斜靠在朱帘边，是在思念谁啊？怎么脸上有这么明显的指痕？到底是谁留下的指印？裙子上的同心结是谁替你绾的？谁把你的裙子踩破了？你头发为什么这么乱？头上的金钗为什么只剩一股了？想谁想到满脸泪痕？赶快从实招来，不许遮掩！"就这首词来看，家里的这名女子的确十分可疑，神色恍惚，脸上还有指印，自己在家却把裙带系成同心结的样式，裙角竟然还是破的！再看看头上，鬓发散乱，金钗也只剩下一股，想想《长恨歌》里的"钗留一股合一扇，钗擘黄金合分钿。但教心似金钿坚，天上人间会相见。"这金钗分成两股，两人各持一股，是象征情谊不变，终会相守的定情信物。再加上女主人公满面泪痕，明明是在思念什么人，这种种迹象，怎能不让刚刚回家的男子疑窦丛生，满怀猜忌呢？

看到出远门回来的恋人对自己满心怀疑，女子自然是要辩驳的，于是有了第二首词："自从你走了之后，我每天只是思念你，从来没有喜欢过别的人。脸上的指痕是睡觉做梦，自己不小心留下的，裙带上的同心结也是我自己闲来没事随手绾的，这裙子是被猴子踏破的。头发蹭到了朱帘，所以被勾乱了，金钗用的时日太久，才断成了两股。我满面泪痕都是因为思念你，对你的爱情就像是南山松柏一样忠贞，我根本就没有心思去恋上别人啊！”字字句句都是针对对方的质疑做出的回答，并且一再表明自己的忠贞。但是仔细琢磨这首词给出的回答，就会觉得很多理由都是牵强狡辩的，而且从这些辩白中可以看出，这二首词表现的不是正常的家庭夫妻生活中的矛盾冲突，而是一个从良（或为妾、或被包房）的妓女与其丈夫——“情人”之间的猜疑和矛盾。而这些，词作已经十分明白地告诉了我们。第二首词是女方的答辩，她一开口就说：“自从君去后，无心恋别人。”揆诸情理，在一个明乎情止乎礼的社会中，一个明媒正娶的夫人能有心“恋别人”吗？一个妾可能吗？甚至情人之间也不可能这样说。虽然“无心恋别人”是针对“情事共谁亲”的责难，但男方之所以如此责难，女方之所以如此回答，其可能只有一个，即女方曾是（或现在仍是）以歌舞杂艺为生的“艺术家”——歌妓。不仅如此，自第三句以下的答辩虽句句针对男方的责问逐一解释，但其理由之虚假，根本经不起推敲。“梦中面上指痕新”，是说自己在梦中把自己的脸抓破了。睡觉做梦很正常，可做梦的时候不自觉地抓挠，以至于在自己脸上留下指痕的现象，如果出现在不晓事的孩子身上，是可能的，而对于极重自己容颜的封建时代的女性来讲，是很难想象的。再看“罗带同心自绾”。罗带同心结，固然可以看作服装上的装饰品。但男方怀疑，是因为它结以示人，是爱情的表征。结以示爱，乃表示爱情专一，心心相印。《隋书·宣华夫人传》中记载，隋炀帝曾经赐予宣华夫人金盒，里面放着几枚同心结，以此表明情意。隋曲有《同心髻》，《教坊记》列盛唐名曲有《同心结》，又有《同心乐》，大曲又有《同心结》。一义三曲，社会风气可想而知。“罗带同心结未成，江头潮已平”，两心相知又酿离恨，历史上曾留下了多少人生憾事！而抒情主人公却说自己的同心结乃是自绾的！这种辩辞聊作表白是可以的，但却是欺瞒不了别人的。读至“被狝儿踏破裙”一句，更使人联想到，唐五代诗词中，特别是五代词中的女子，香闺中大都是调笑鹦鹉，而这位女子独独养猴子，这又是一个绝无仅有。这使人怀疑其出身娼妓或歌舞杂耍之家。而“蝉鬓朱帘乱”的解释也殊嫌牵强，因为稍乱的鬓发随手整理就可以恢复整齐，而她鬓发凌乱，又“斜倚朱帘立”，古时淑女站立行走都有一定要求，斜靠在门边或是倚帘而立是受正规教育的女子不可能做出的举动，则其举止轻佻及其身份可知。在古代，男女定情，往往擘金钗以表示山盟海誓，其“金钗旧股分”的解释显然是站不住脚的。

不必再句句指证，我们可以推知词中的女子与男子虚与周旋，表示的全是虚情假意。整篇词作都是辩解,偏偏辩解的理由都像是临时找来应付逼问的,从词中仿佛可以看到这名女子在情人咄咄逼人的问话下,惊慌失措,匆忙回答的样子。

“一一歌咏,皆是真言;一一舞戏,无非密印。”色即是空,空即是色。昔日敦煌歌舞通过这两首词所展示的这一幕人生喜剧,对于人们悟彻人生、皈依佛教是有“教益”的。

任二北先生把这两首词的词题定为《风情问答》,认定它们是写儿女风情的。关于这一点,我们还可以举出其影响下的作品作为佐证。《元曲选·燕青博鱼》中写及燕大的续弦与杨衙内勾搭成奸,奸情被撞破后,燕大与王腊梅的对话与这两首词可以对读。

[燕大云]...... 你这贱人,我且问你,怎生与奸夫在这里吃酒。“[搽旦云]奸夫在那里?姓张姓李?姓赵姓王?可是长也矮?瘦也胖?被你拿住了来?天气暄热,我来这里歇凉,那里讨得奸夫来?常言道:捉贼见赃,捉奸见双。燕大,你既要拿奸,如今还我奸夫来便罢。若没奸夫,怎把这样好小事儿赃诬着我。我是个拳头上站的人,胳膊上走的鸟,不带头巾男子汉,丁丁当当响的老婆。燕大,我与你要见一个明白。[正末唱]

[么篇]你这个养汉精,假撇清!你道是没奸夫,抵死来瞒定。恰才是谁推开这半破窗棂?[搽旦云]我支开亮窗,这里乘风歇凉来。[正末唱]谁揉的你这鬓角儿松?[搽旦云]我恰才呼猫,是花枝儿抓着来。[正末唱]谁捏得你这腮斗儿的青。[搽旦云]我恰才睡着了,是鬼捏青来。[正末唱]可也不须你折证,见放着一个不语先生,谁着这芭蕉叶纸扇翻合着酒?谁着这梨花样碰钵倒暗着灯?——这公事要辨个分明!

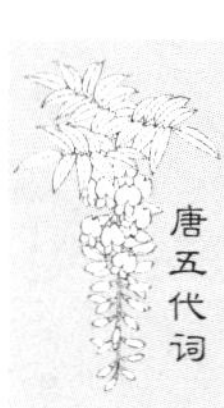

也是两人对答,一人质疑,一人狡辩,语言更直接通俗,带有市井的泼辣气。这个故事的结局是悲剧,燕青杀了王腊梅。这两首《南歌子》上演的也是一出悲剧。

权隐在江河，龙门终一过
——敦煌词中的文人词

敦煌词中还有一部分词作是反映知识分子的生活境遇和思想状况的。这些读书人曾勤奋攻读，“也曾凿壁偷光露，堑雪聚飞萤”（《菩萨蛮》），希求十年寒窗无人问，一朝成名天下知。但由于官场黑暗，仕途淹蹇，满腹才学，无人青眼相赏，找不着“欲上龙门希借力”（《谒金门》）的诀窍，往往金榜无名，“几度龙门点额退”。于是有流落他乡，“求官一无成”，“望乡关双泪垂”（《菩萨蛮》），慨叹“渺渺三江水，半是儒生泪”（《菩萨蛮》）。有些词作抒发了怀才不遇退隐江湖的读书人的愤懑不平。

浣溪沙

卷却诗书上钓船，身被蓑笠执鱼竿。棹向碧波深处去，几重滩。　　不是从前为钓者，盖缘时世掩良贤。所以将身岩薮下，不朝天！

这位落魄文士由于“时世掩良贤”，权奸当道，所以愤激之下，“卷却诗书上钓船”，归隐江湖。发誓永不朝天，绝意仕途。写出这种词句和下定这种决心都是需要勇气的。

古往今来，隐士几多！但是有真隐有假隐，有贫隐有富隐。有隐于朝有隐于野，有隐于诗有隐于酒，甚至有隐于妓的。所以只有真隐士才能领略那“采菊东篱下，悠然见南山”的隐逸之趣。因此许多词作只是写一些读书人（或富贵中人）在刻意地去体验隐居生活。如敦煌词中写得较好的一首：

山后开园种药葵，洞前穿作养生池。一架紫藤花簇簇，雨微微。　　坐听猿啼吟旧赋，行看燕语念新诗。无事却归书阁内，掩柴扉。

词作着意去表现隐居生活的雅趣。平素种菜养鱼，不废耕作。家中景色并非刻意装点，却也清雅宜人——园中一架紫藤，在微雨的滋润之下，显得分外娇艳，充溢盎然生趣。正因为微雨飘洒，隐士也就有了闲暇去听猿啼、赏燕语、吟旧赋、念新诗,也可以掩上柴扉,身入书阁,去听古圣先贤的心语。这一切优哉游哉,展示了一幅诱人的隐士的梦幻般的画图。

但大多数隐士却不耐隐居的寂寞,他们只是把归隐作为一种沽名钓誉的手段,作为晋身为官的“终南捷径”,时刻在等待时机。

菩萨蛮

数年学剑攻书苦,也曾凿壁偷光路。堑雪聚飞萤,多年事不成。
每恨无谋识,路远关山隔。权隐在江河,龙门终一过。

风雪松杉图

这位读书人原本就是要“学成文武艺,赁与帝王家”的,也曾经经历了数年读书学剑的辛苦,只是事不遂心,一直没有机会一展抱负,才暂时隐居,以此作为权宜之计。但他始终相信,终有一天,他会鱼跃龙门,一举成名的。

当然了,读书人的社会地位是随着时代变化不断改变的,不同的地域特点也会影响文人在当地的地位。敦煌地处边塞,外接诸多边地政权,战乱频繁。也许从这样一个角度,我们可以给“文治武功”以新的解释——太平之年更能显示文人治国安邦之才,战乱年代则能突出武士靖难卫国之能。历史上的“和战之争”往往与文武之争有密切关系。敦煌词中有二首联章体的《定风波》即是为文士张目而反映“文武之争”的。

攻书学剑能几何,争如沙塞骋偻㑩?手执绿沉枪似铁,明月,龙泉三尺斩新磨。　堪羡昔时军伍,漫夸儒士德能多。四塞忽闻狼烟起,问儒士,谁人敢去定风波?

征战偻㑩未足多,儒士偻㑩转更加。三策张良非恶弱,谋略,汉兴楚灭本由他。　项羽翘据无路,酒后难消一曲歌。霸王虞姬皆自刎,

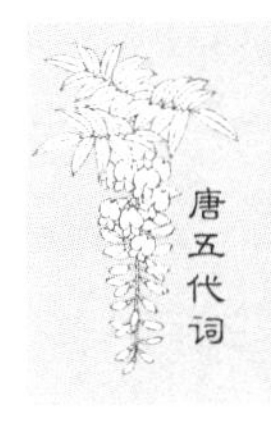

当本，便知儒士定风波！

从文义上看，这两首联章体的词作应是两个人的对唱，也只有从这种特定构思入手，才能领略其一唱三叹、一波三折的情趣和美感。江苏古籍出版社的《唐宋词鉴赏辞典》中单单举出第一首词，认为“这是一首描述有志之士决心驰骋沙场，平定战乱，为国建功立勋的词作，热烈赞颂那种守土保边，誓死作战的爱国精神。全词热情奔放，气势雄壮，读来激昂慷慨，动人魂魄，不失为刚健之作……从词风上讲，可以说开豪放词之先河。”实际上这违背了作者的创作意图，因为就词作的构思看，二词一问一答；就其立意看，前一首为次，后一首为主，突出儒士运筹帷幄之中、决胜千里之外的谋略才是词作的主旨。

先看第一首词：

“攻书学剑能几何，争如沙塞骋偻㑩？”词作一开口，就充溢着武士对文士揶揄的口吻，把文人从事的学业贬了个一钱不值：你们这些读书人尽管经史满腹，又会一点剑术，但仅凭这些又能有什么作为呢？贬低别人是为了抬高自己：你们哪里能比得上我们这些在边疆战场纵横驰骋的武士呢！你看我们“手持绿沉枪似铁，明月，龙泉三尺斩新磨。”绿沉枪，古代名枪。唐殷文堂《赠战将》诗曰：“绿沉枪刺雪峰尖”。龙泉剑，古代名剑。相传春秋时铸剑名师欧冶子、干将铸剑三枚，其一曰“龙渊”。在唐代为避李渊名讳，故称龙泉。一代武士，名枪在手，名剑在身，无坚不摧，攻无不克。试问你们这些书虫们，谁有这样的本领？

词的上片在对武士们的武功和英姿作了充分的渲染之后，很自然地过渡到下片。“堪羡昔时军伍”是对上片的总结，是说武士的功业古往今来，都使人称羡，诗中不也有“但使龙城飞将在，不教胡马度阴山”吗？一句收束之后，马上又对历史上对儒士的称扬表示否定和怀疑，“谩夸儒士德能多”，至于说儒士们的德行能耐如何，全都是夸大其辞，都是欺人之谈。试问，当边防有警，遍地狼烟，兵荒马乱的岁月，你们这些手无缚鸡之力的儒士们，谁人敢去平息狼烟？何人能够旋转乾坤，安邦定国？联系初唐盛唐时一些边塞诗所抒发的情感，“宁作百夫长，胜作一书生。”（杨炯《从军行》）“大笑问文士，一经何足穷。”（高适《塞下曲》）可以这样说，在特定情势下，武士自恃武功，鄙薄皓首穷经的读书人，这种思潮是有一定的市场的。

那么面对挑战，儒士们的态度又如何呢？第二首词是儒士们的回答。“征战偻㑩未足多，儒士偻㑩转更加。”针锋相对，指出舞刀弄枪，征战沙场只不过凭血气之刚,乃是匹夫之勇,不值得赞美(未足多),那种聪敏能为只是小智慧,而儒士们的智慧才是大智慧呢!君岂不闻"三策张良非恶弱,谋略,汉兴楚灭本由他。"儒士在词作一开始将武士与儒士作了总体比较后,又举出汉代张良作为代表,与武士作具体比较。"三策"原抄件作"三尺",应以三尺为是。因古代士人衣带结余下垂部分长度为三尺。《礼记·玉藻》:"绅长制,士三尺。"唐王勃《滕王阁序》:"三尺微命,一介书生。""三尺张良"正说明张良的儒者身份。张良可谓文弱书生的典型代表,文质彬彬,长相秀气,史载其"状貌如妇人好女",以三寸舌为帝者师,封万户,位列侯,连身为帝王之尊的汉高祖刘邦也不得不承认"夫运筹策帷帐之中,决胜千里外,吾不如子房。"《史记·留侯列传》)"汉兴楚灭本由他"一句,以夸张的手法和不容置疑的语气,称颂了张良的谋略,评价了他的历史作用,是对"儒士倭俉转更加"的具体说明,又十分自然地转向下片对项羽的评说。

张良作为儒士的典范,那英雄一时不可一世的项羽可作为武士的代表——"项羽翘据"。那威震楚国,名闻诸侯,"喑哑叱咤,千人皆废"的西楚霸王,应是武士中的杰出之士。但他却有勇无谋,优柔寡断,最终垓下被围,四面楚歌,走投无路,在发出"非战之过,天亡我也"的悲叹后仰天悲歌:"力拔山兮气盖世!时不利兮骓不逝!骓不逝兮可奈何!虞兮虞兮奈若何!"歌毕,泣数行下,自刎乌江。"霸王虞姬皆自刎"点明了项羽最后失败的结局。这里应当说明,有关史籍只记载项羽自刎乌江,而没有提及虞姬自刎,这里把霸王和虞姬并列,是连带举例,这种说法也与后世文学作品相同,比如戏剧《霸王别姬》,就有虞姬自刎的情节。据《史记·项羽本纪》载,楚本与汉约定中分天下,欲引兵东归。张良、陈平力劝刘邦:楚兵粮尽,此正吾亡楚之时,机不可失。刘邦采纳了张良等人的意见。于是有了垓下之围。项羽的失败,反衬出张良的远见。通过对比,既否定了"堪羡昔时军伍",又突出了"儒士喽俉转更加"。因此,在词作尾句理直气壮地宣称,"当本,便知儒士定风波!"我们儒士最善于"定风波",岂止"敢去"而已!

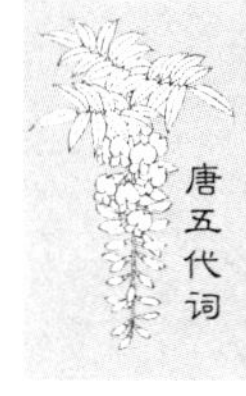

从这两首词的创作倾向看,作者可能是一位不甚得志的读书人,可能是由于当时的社会风气及其所处边地重武轻文,词人的自尊心受到伤害,因而借歌女伶工之口,在娱乐场上去谋取精神胜利。有些论者仅抬出其中一首,认为词作贬文褒武,或者反之,其实是十分偏颇的。实际上就其表演效果来讲,主要还是通过喜剧式的争执气氛,演员的演唱,激扬爱国主义精神的。

对这二首词,从由来已久的文武之争,由边地特殊地域及特殊时代的重武轻文,可以对之加以诠释。除此之外,从歌唱文学商业文化的娱乐性质而言,当初的创作者可能有意地创造一种引人笑乐的喜剧气氛，并且这种创作风气也是很有渊源的，不仅在词作中，当时的很多文体都有类似的争论性作品。

敦煌遗书中还有一篇署名“乡贡进士王敷撰”的《茶酒论》，文中写茶酒论难争功与词的构思极为相似。文章以序文中“暂问茶之与酒，两个谁有功勋”的问题，展开论辩。茶先讲自己的可贵——“百草之首，万木之花，贵之取蕊，重之摘芽，呼之茗草，号之作茶。”酒也自夸其“伟大”作用：“自古至今，茶贱酒贵。单醪投河，三军告醉。君王饮之，叫呼万岁。群臣饮之，赐卿无畏。”茶酒反复论难，又各列对方弱点进行攻击：“酒能破家散宅，广作邪淫。打却三盏以后，令人只是醉深。”而多吃茶“令人患肚，一日打却十盅，肠胀又同衙鼓”。茶酒正争论不下之时，水从旁调解说，“茶不得水，作何相貌？酒不得水，作甚形容？米麸干吃，损人肠胃；茶片干吃，只粝破喉咙。”水的作用如此之大，但从不矜功自傲，茶酒又何必相争呢？“从今以后，切须和同。酒店发富，茶坊不穷，长为兄弟，须得始终。”这篇《茶酒论》诙谐有趣，明显地受前代俳谐文的影响。这是茶与酒的争论，延伸到宗教领域，还有儒释道三教论衡的内容。高彦休《阙史》下卷载：

咸通中，优人李可及，滑稽诸戏，独出辈流。当延庆节，缁黄共论毕，次及倡优为戏。可及乃儒衣险巾，褒衣博带，摄齐以升崇座，自称三教论衡。其偶坐者问曰：“既称博通三教，释迦牟尼乃是何人？”对曰：“是妇人也。”问者惊曰：“何也？：”对曰：“《金刚经》云：‘敷坐而坐’，若非妇人，何待夫坐，然后坐耶？”又问太上老君是何人也？对曰“亦妇人也。”闻者益所不喻。乃云：“《道德经》曰‘吾有大患，为我有身，及吾无身，我又何患？’倘非妇人，何患乎无娠乎？”上大悦。又曰：“文宣王何人也？”对曰：“亦妇人也。”曰：“何以知之？”曰：“《论语》曰：‘沽之哉，沽之哉，吾待价者也。’向非妇人，待嫁奚为？”上意益欢。

李可及的表演很像今天的相声，表演者假装对宗教知识十分了解。由一个人向他提问，问题是释迦牟尼、太上老君、孔子分别是什么人，表演者都回答“是妇人”，用的依据分别是儒、释、道三教教义里的原文，只是用普通大众更容易接受的谐音字替代了严肃的教义，把传统观念中十分严肃的宗教用调侃的口气加以表述，意义主要在于娱乐，谐声误解是其主要手法。

富不归，穷不归，死不归
——敦煌词中的商旅词

在敦煌词中有一些写商人阶层两极分化的作品，对唐五代时期的商贾生活做了形象的勾勒，能够让我们了解当时商人真实的生活情景，也有助于我们理解那些商人妇的闺怨。如《长相思》三首：

旅客在江西，富贵世间稀。终日江楼上，□□舞著棋。　频频满酌醉如泥。轻轻更换金卮。近日贪欢逐乐，此是富不归。

哀客在江西，寂寞自家知。尘土满面上，终日被人欺。　朝朝立在市门西。风吹泪□双垂。遥望家乡长短，此是贫不归。

作客在江西，得病卧毫厘。还往观消息，看看似别离。　村人曳在道傍西。耶娘父母不知。身上剟牌书字，此是死不归。

这三首词描述了截然不同的三种商人生活：第一种是所有生意人梦寐以求的——生意成功、发财暴富，可以享受到被众人羡慕的富贵生活。这些成功的商人们每天坐在江边酒楼上，饮酒作乐，享尽奢华，乐在其中，根本就想不起来家乡，更别说是让他们放弃现有的一切回家了。第二种商人就很悲惨了，生意失败了，离开家乡时候的种种美好想象都泡汤了。本来经商的人社会地位就不高，自己又一文不名，天天辛苦做生意，也只会招人白眼，完全被人看不起。虽然内心渴望能够回到家乡，但离家时的豪言壮语犹在眼前，如今落拓不堪，怎么有脸回家呢？第三种商人还没有来得及用自己的聪明才干赢得财富，就一病不起了。古时信息传递远不如现在方便，独自出门经商的人们一旦离开家乡，再想与家人取得联系，是难上加难的，病倒异乡非但没有人照看，就连送个消息回家也是不可能的。无人照料，病死他乡，也没有人帮着处理后事，最终也只能被当地人随意丢在路旁，只有身上的牌子写着姓名。可怜家中父母亲人还在盼望亲人衣锦

还乡,却不知早已葬身异处,永远没有回家的那一天了。

富贵逼人、贫困窘迫、病死他乡,这是当时商人们的三种命运和归宿。为了追求利益,为了荣华富贵,他们抛家弃子,背井离乡,四处漂泊。离家时每个人都抱有美好的梦想,渴望一朝暴富,衣锦还乡,然而能够实现梦想的少之又少,追求金钱的人却多而又多。所以才有了穷困潦倒不能还乡、病死异乡家人不知的凄惨下场,即便是个别人真的通过经商积累了大把财富,也往往沉迷在酒色之中,乐不思蜀。真正回到家乡的,寥寥无几,古时人们的家乡观念普遍比较强,无论奔波多远,最终也都希望能回到故乡,叶落归根。这些出门经商的人们无论是因为富贵、贫穷或是疾病,很少有人能够再回到家乡,这对于商人自身和家人,都是极大的伤害与打击。

欲他征夫早归来
——敦煌词中的思妇词

好男儿志在四方，男子出门游历、经商、求学或是从军，都是被社会普遍认可的。女子却因为身份限制，不能随行，只能留在家中，打点家庭事务，伴随着她们的，除了每日的家务，便是无休止的思念了。对于留守在家的女子，唯一的希望就是丈夫早日归来，一家团聚。思念越是强烈，盼望远人归来的愿望也就变得更加强烈，于是有了下面这首《鹊踏枝》。

叵耐灵鹊多谩语，送喜何曾有凭据。几度飞来活捉取，锁上金笼休共语。　比拟好心来送喜，谁知锁我在金笼里。欲他征夫早归来，腾身却放我向青云里。

“喜鹊叫，好事到。”喜鹊和乌鸦是民间传说里的一对冤家，乌鸦的叫声总和“倒霉”、“丧事”联系在一起；相反，听到喜鹊的叫声通常意味着家里要有好事发生。王建的《祝鹊》诗就说：

神鹊神鹊好言语，行人早回多利赂。
我今庭中栽好树，与汝作巢当报汝。

可见在唐代，喜鹊能带来好运的说法是为民间所公认的。对于丈夫远在他乡的女子来说，没有什么比丈夫回家更让人高兴的好事了，听到喜鹊叫，直接联想到，这就是远方的丈夫就要回家的信息。可没想到听了几次喜鹊叫，却还不见丈夫回来，女子一气之下，索性把喜鹊捉住锁在笼子里，日日听着喜鹊叫，等待丈夫归来。词中的这名女子太过思念丈夫，以至于迁怒喜鹊，明明在自家院中鸣叫，却总是不见丈夫归来，好事成真。都说喜鹊是报喜的，怎么这只喜鹊报的喜就这么不准呢！把喜鹊锁起来更是赌气之举：就不信每天听到喜鹊叫也不能唤回丈夫的归来！词的下片模拟喜鹊的口吻，委屈地诉说自己的无辜：我好心来送喜信，谁知道竟然会被关在金笼里，但愿她的丈夫早日归来，我也就可以获得自由，重新飞向青天了！

这首词的创意极其有趣，人的心思和鸟的想法各占了一半。闺中思妇出于对丈夫的想念，不惜捉住喜鹊，只为了多听听报喜的鸟叫声，幻想着好事成真，是一片痴情促成的赌气行为。被捉住的喜鹊则是一肚子的委屈，明明是好心报喜，没想到竟然被关了起来，只好一心盼望远人归来，女主人高兴了，还自己自由。委屈的喜鹊和赌气的少妇，各有各的原因，却有共同的期盼，人和鸟达成了默契，最终统一了愿望。词作语气生动，模拟鸟的想法也很贴切，有独特的民间词的活泼风趣的特点，这样有趣的词作是很少见的。

后世文学作品里的笼中鸟形象也很普遍，但意义完全不同，大多以笼中鸟自比，来形容身不由己的苦痛。宋代著名的大文豪欧阳修被贬时就写过《画眉鸟》诗：

百啭千声随意移，山花红紫树高低。
始知锁向金笼听，不及林间自在啼。

用林间自在的画眉鸟反衬自己的不自由，间接说出了被贬谪的痛苦。到了《红楼梦》第三十六回“绣鸳鸯梦兆绛云轩 识分定情悟梨香院”，就把笼中鸟的故事铺展成一章小说的情节。贾蔷花了一两八钱银子，买来被训练好的鸟送给龄官，龄官非但不高兴，还因此触动了心中的隐痛，觉得自己就像是鸟儿一样，失去了自由，被人们逼迫学各种技艺，终究也只是供人娱乐罢了。和小说极其类似的是电影《杜十娘》。电影中有这样一组镜头和一段插曲：李甲花费数两银子买了一对相思鸟，装在制作精细的金丝笼子里，送给了杜十娘，一心想讨得杜十娘的欢心，而杜十娘则睹物思人，想到自身痛苦遭遇，幼年家贫，身陷火坑，迎新送旧，受尽人间煎熬，强欢卖笑，又怎掩内心痛苦，自己的痛苦生涯与笼中之鸟又何其相似，于是她要李甲开笼放鸟，随着展翅高飞的自由之鸟，深情的歌声唱出了她的心声：金丝笼儿无价，玉石碗儿豪华，这生涯十分优雅，不是鸟儿的家！问君家在何处？鸟儿回答：绿枝头，草莽中，青天下。虽然也对鸟儿做了拟人化处理，也有人鸟对答的内容，但后世的文学作品更强调鸟向往自由，人也向往自由的一面，与敦煌词里将喜鹊和思妇的愿望合二为一完全不同，也没有了词作活泼有趣的风味，而是变得沉重抑郁了。

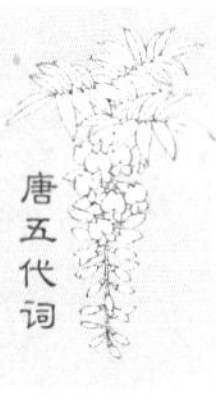

流传河西的孟姜女故事
——敦煌词中的《捣练子》词

敦煌词里还记载了许多民间故事,孟姜女的传说就是其中之一。孟姜女故事来源于《左传·襄公二十三年》中关于杞梁妻的记载。周灵王二十二年(公元前550年)秋,齐庄公姜光伐卫、晋,夺取朝歌。第二年,齐庄公从朝歌班师,没有回齐都临淄便突袭莒国。在袭莒的战斗中,齐国将领杞梁、华周英勇战死,为国捐躯。后来齐莒讲和罢战,齐人载杞梁尸回临淄。"齐侯归,遇杞梁之妻于郊,使吊之。辞曰:'殖之有罪,何辱命焉?若免于罪,犹有先人之敝庐在,下妾不得与郊吊。'齐侯吊诸其室。"杞梁妻在郊外路边哭着迎接丈夫的灵柩。齐庄公见到杞梁妻后派人前去吊唁,杞梁妻认为自己的丈夫有功于国,齐庄公派人在郊外吊唁既缺乏诚意,又仓促草率,对烈士不够尊重,便回绝了齐庄公的郊外吊唁。后来,齐庄公亲自到杞梁家中吊唁,并把杞梁安葬在齐都郊外。应该说,这段故事明文记载在《左传》中,是真人实事。虽然没有现在所见孟姜女故事里的"哭夫"、"城崩"、"投水"等情节,而是主要表现杞梁妻大义凛然的刚烈性格,但其反对战争、热爱丈夫的主体框架已隐隐显现。"哭"的情节早在《礼记·檀弓》就有,曾子提到"杞梁死焉,其妻迎其柩于路,而哭之哀"。到了战国时期的《孟子》,又引淳于髡的话说"华周杞梁之妻哭其夫而变了国俗",使《左传》中的史实"杞梁妻拒齐庄公郊外吊唁"变成了"杞梁妻哭夫",故事的重心发生偏移。

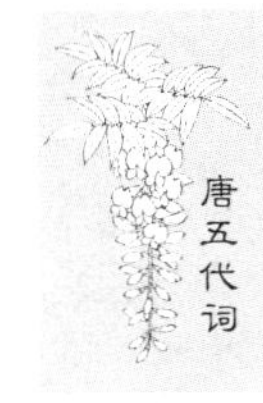

刘向的《说苑·善说篇》为故事加上了"崩城"的内容:"昔华周、杞梁战而死,其妻悲之,向城而哭,隅为之崩,城为之阤。"接着刘向又在《列女传》中加上了"投淄水"的情节:"杞梁之妻无子,内外皆无五属之亲。既无所归,乃枕其夫尸于城下而哭之,内诚感人,道路过者莫不为之挥涕。十日城为之崩。既葬,曰:'我何归矣?'……亦死而已,遂赴淄水而死。"到这里,孟姜女故事里哭夫、城崩、投水等基本情节已经大致成型了。

到了东汉,王充的《论衡》、邯郸淳的《曹娥碑》进一步演绎,说杞梁妻哭崩的是杞城,并且哭崩了五丈。西晋时期崔豹的《古今注》继续夸大,说整个杞城"感之而颓"。到西晋时,杞梁妻的故事已经走出了史实的范围,演变成"三分实七分虚”的文学作品了。唐代贯休的诗作《杞梁妻》首次将故事时间移动到秦朝，并将“崩城”变成“崩长城”：

秦之无道兮四海枯，筑长城兮遮北胡。
筑人筑土一万里，杞梁贞妇啼呜呜。
上无父兮中无夫，下无子兮孤复孤。
一号城崩塞色苦，再号杞梁骨出土。
疲魂饥魄相逐归，陌上少年莫相非。

贯休在这首诗里，把春秋时期的事挪到了秦代，把临淄的事搬到了长城内外，把“城”嫁接到“长城”，再把“长城”直接定义为“秦长城”。经过贯休的大幅度调整，杞梁妻的故事开始向“孟姜女哭长城”的传说靠近。南宋郑樵曰：“杞梁之妻，与经传所言者，数十言耳，彼则演成万千言……”

敦煌词里的孟姜女故事体现在一系列《捣练子》词中，从现存的词作中可以看出送寒衣、哭长城等关键性情节。应该说，敦煌词正是在贯休改编后，传统的杞梁妻故事向完整的孟姜女故事演变的重要过渡。（由于大部分是残篇，我们只列出较完整的两首。——作者注）

捣练子

堂前立，拜辞娘。不觉眼中泪千行。劝你耶娘少怅望，为吃他官家重衣粮。　辞父娘了，入妻房。莫将生分向耶娘。君去前程但努力，不敢放慢向公婆。

捣练子

孟姜女，杞梁妻。一去燕山更不归。造得寒衣无人送，不免自家送征衣。　长城路，实难行。乳酪山下雪纷纷。吃酒则为隔饭病，愿身强健早还归。

第一首词写杞梁离家前的情形，首先是拜别父母，劝父母保重身体，不要为自己担心。接下来是交代妻子要好好侍奉父母，最后两句则是妻子的承诺，要杞梁放心出门。第二首写杞梁的妻子做好了棉衣，没有人能替她送去给丈夫，只好自己跋山涉水去送寒衣，一路艰辛坎坷，风雪交加。这两首词体例和语气比较相似，应该属于一个系列，第三到八首则又是一个系列。第三、四首分别写杞梁离开后妻子做了噩梦和在家制作寒衣的情节。第五首写的是孟姜女和杞梁的魂魄在途中相遇，孟姜女知道了杞梁的死讯，人与鬼假托秦王，怒骂唐王，反对劳民伤财筑长城，情绪激昂。第六首即是哭城一节，写孟姜女在长城下恸哭，长城倒塌，露出为修长城而死的百姓的尸骨。第七首接着写孟姜女在万千尸骨中滴血认骨，包裹尸骨。最后一首是杞梁的魂魄嘱咐妻子，要代替他侍奉父母。

从这些词作中可以看出，敦煌词中的孟姜女故事是一个完整的系列，通过若干首词拼接而成。现在所见的词作虽然不完整，其中缺少必要的串联环节，但已经可以看出当时流传在民间的故事雏形。杞梁被抓差去修长城、孟姜女缝制好寒衣、不畏艰难去送衣、得知杞梁死讯伤心痛哭、长城被哭塌露出尸骨、孟姜女带着尸骨回家，这些故事情节上承《左传》、《列女传》，吸收了贯休《杞梁妻》诗的艺术再加工，同时加入了民间文学通俗易懂和崇信鬼神的特点，为后来孟姜女故事的完善和逐渐浓厚的神异色彩的显现奠定了基础。广泛流传于民间的敦煌曲子词是百姓日常演唱的常见内容，很多曲子词也是通过传唱流传下来的，带有故事情节的孟姜女词常常在当时举行的民间集会和宗教活动中被传唱表演。现在流行于河西地区的宝卷里也有类似的孟姜女故事，宝卷是由唐代寺院中的“俗讲”演变而来的一种说唱文学形式。内容有佛经故事、劝事文、神道故事和民间故事等，以佛经故事最多。人们往往把它们分为佛教的和非佛教的两类，但基本倾向都是宣传因果报应和修道度世，具有浓厚的宗教色彩。宝卷中出现孟姜女故事，说明在唐五代时期这则故事已在民间广泛流传，尤其是在河西地区，孟姜女传说从原本的诗歌逐渐演变为歌唱和说唱形式的演出文学，为元代和后世将这一故事搬上舞台奠定了基础。另一方面，宝卷本身具有的浓厚的宗教色彩也影响了孟姜女故事的内容，民间成型的故事里增加了许多神鬼色彩，并且加入了反面人物秦始皇和厚葬孟姜女丈夫的情节，这些情节与佛教的神鬼说和因果报应关系密切。

在敦煌词的基础上，元代发展了孟姜女故事的细节，并且开始在舞台上加以演绎。到了明代，明政府为了防止瓦剌入侵，大修长城，招致民怨沸腾。老百姓为了发泄对封建统治者的不满，又改杞梁妻为“孟姜女”，改杞梁为“万喜梁”（或范喜梁），加了诸如招亲、夫妻恩爱、千里送寒衣等情节，创造出全新的“孟姜女哭长城”传说。

来看看成型的孟姜女故事:相传,在秦始皇坐江山的时候,山东一村庄中有孟姓、姜姓,两家隔墙邻居,相处很好。大比之年,两家公子同时得第,同朝奉君。这孟、姜二位大臣为官清正,为国为民忠心耿耿。常常劝秦始皇要爱护百姓甭做坏事。秦始皇是一个独断专行的暴君,把孟、姜二位大臣的劝说全当成耳旁风。孟姜二位大臣觉得为官不能为民办事,解民疾苦,便上书辞官回到了家乡。回到家乡之后,孟姜两家比邻而居,过着清闲自在的生活。这时孟家屋檐下的燕子带回来了一枚葫芦籽,孟家就种在了墙根,葫芦藤越长越旺,越长越长,很快就爬上墙头跃到了姜家院里。姜家也是精心照料。不久就在秧子中间结了一个葫芦,葫芦成熟后自己落地崩开,里面竟然是一个小姑娘,因为是在孟家和姜家共同的墙上结的葫芦,于是就给她起了个名字叫孟姜女。孟姜女长大成人后,聪明伶俐,心地善良,又能弹琴作诗,很受大家的喜爱。

有一天,一个卖诗讨饭的书生来到孟家门口,孟大人看那人虽是衣服破烂,但仍然不减潇洒风度,不禁顿起爱慕之心。让家人把他叫到屋里,攀谈起来。原来这书生是孟、姜二人的当朝好友范世安之子范喜良。因秦始皇听信奸臣谗言将其父杀害,母亲气绝身亡,剩下范喜良无依无靠才落到这步田地。孟姜二位大人对范喜良的不幸遭遇深为同情,当即收留了他,又把孟姜女许配给范喜良,了却了二位大人的一桩心事。

天有不测风云,就在范喜良和孟姜女成婚的第三天,秦始皇下令在全国抓派壮年劳力去北方修筑长城。范喜良在地里干活时被抓去了,孟姜女听说后哭得死去活来。

一转眼就到了冬天,这年冬天又特别冷。不断有人从北方捎信来,说皇上只顾早日修好长城,不顾民工死活,冻饿而死的不计其数。孟姜女听说这些信儿更是坐卧不安。连夜赶做了几件棉衣辞别两家父母上路了。

孟姜女一路上,饥了吃带的馍,渴了喝口凉水,日夜赶路。这一天,终于来到长城跟前,四处打听丈夫的下落。问来问去问到山东民工,说是范喜良冻饿死后埋在长城里面了。孟姜女一听,心里很悲痛,放声大哭起来。一连哭了七七四十九天,感动了上天。这一天,孟姜女正失声痛哭,只听“扑通”一声,长城倒塌了,露出一具尸体。孟姜女上前一看,正是自己的丈夫范喜良,她上前抱住丈夫,更是泪流不止。

长城被哭倒一事,很快就传到秦始皇那里。秦始皇得知后,便亲自坐车来到长城脚下查看。见到孟姜女后，秦始皇为她的美貌倾倒，想把孟姜女接入宫中，据为己有。孟姜女不肯依从，秦始皇以抗旨不遵诛灭九族为威胁，孟姜女为了丈夫和全家只好假意应允了，但提出了三个要求："埋葬范喜良时要满朝文武披麻戴孝；将范喜良金鼎玉葬；进宫前自己要先回家告知父母。"秦始皇一口答应，随即下了圣旨。范喜良以一介贫民身份，得到了金鼎玉葬和满朝文武披麻戴孝极为尊贵的丧葬待遇。这两件事办完后，秦始皇就派人送孟姜女回家拜别双亲，却不料途中孟姜女趁护送的人不注意，毅然跳海自尽了。

这是孟姜女故事的民间传说，还有一些不同版本，比如瓜藤结出了孟姜女，范喜良逃避抓丁自己跳到了孟家后院，孟姜女提出的第三个要求是去海边游玩、游玩途中跳海自尽，孟姜女跳海后得到了龙王的帮助，等等。可以看出，民间传说中增加了孟、姜、范三家的政治背景，强调了孟姜女出身的奇异，又添加了秦始皇爱慕孟姜女和因此厚葬了范喜良的情节。增加政治背景是为了给孟姜女和范喜良的故事加上反对暴政的色彩，强调孟姜女出身的神异为后来哭倒长城做了铺垫，而秦始皇为了孟姜女同意厚葬范喜良则是劳苦大众的美好愿望，让文武百官披麻戴孝可以说是替冤死的百姓们出了一口恶气。故事虽然增添了许多背景和想象，但总体框架没有大的改变，基本和敦煌词中记载的杞梁妻故事一致，故事重心依然是修长城、送寒衣、哭城、崩城，故事里浓厚的神话色彩在敦煌词的魂魄相遇等情节中也可以窥见端倪。

百岁转瞬过，人生当如何
——敦煌词中的生命词

生命有限，时光流逝，这是自然的规律，也是每个人必须面对的事实，如何度过有限的生命，则成为自古至今人们思考的恒久命题之一。早在汉代的《古诗十九首》里，就有关于生命的长度与意义的思索：

生年不满百，常怀千岁忧。
昼短苦夜长，何不秉烛游！
为乐当及时，何能待来兹？
愚者爱惜费，但为后世嗤。
仙人王子乔，难可与等期。

人生短短几十年，却时常怀忧千岁，日短夜长，可用来享受人生的时间短之又短，将如此短暂的时间用在忧虑将来上，实在是辜负了人生，倒不如及时行乐。到了元代，卢挚《折桂令》为人生算了一笔细账：

想人生七十犹稀，百岁光阴，先过了三十。七十年间，十岁顽童，十载尪羸。五十年除分昼黑，刚分得一半儿白日。风雨相催，兔走乌飞。子细沉吟，都不如快活了便宜。

以百年为基数，人生七十古来稀，能活到七十岁已经少见，百年中先少了三十年。七十年之中，人生的前十年是不懂事的孩子，后十年是垂垂老人，都谈不上享受真正的生活。剩下的五十年，除去黑夜，只剩下一半白昼，短短的二十五年时间，还要面对风雨相催，坎坷起伏。这样算起来，人生何其短暂，烦恼何其无尽，倒不如尽情享乐，快活度过一生。我们不说这种消极享乐的思想有多少缺点，又是多么不可取，仅就这首曲子里计算出的人生有效时间来看，是值得我们每个人警醒的。

敦煌词里的《百岁篇》也是以百年为基数来总结人生的，区别在于这组词以十年为一个阶段，把人生百年分为了十个阶段，又按男女不同分别总结出了两种不同的人生经历。

百岁篇·女人

一十花枝两斯兼，优柔婀娜复曆孅。
父娘怜似瑶台月，寻常不许出朱帘。

二十笄年花蕊春，父娘娉许事功勋。
香车暮逐随夫婿，如同萧史晓从云。

三十朱颜美少年，纱窗揽镜整花钿。
牡丹时节邀歌伴，拨棹乘船采碧莲。

四十当家主计深，三男五女恼人心。
秦筝不理贪机织，只恐阳乌昏复沉。

五十连夫怕被嫌，强相迎接事曆孅。
寻思二八多轻薄，不愁姑嫂阿家严。

六十面皱发如丝，行步龙钟少语词。
愁儿未得婚新妇，忧女随夫别异居。

七十衰羸争奈何，纵晓闻法岂能多。
明晨若有微风至，筋骨相牵似打罗。

八十眼暗耳偏聋，出门唤北却呼东。
梦中常见亲情鬼，劝妾归来逐逝风。

九十余光似电流，人间万事一时休。
寂然卧枕高床上，残叶凋零待暮秋。

百岁山崖风似颓，如今身化作尘埃。
四时祭拜儿孙在，明月长年照土堆。

女性的一生，前十年生活在父母庇佑下，不解世事，过的是深闺中无忧无虑的生活；二十岁出嫁，直到三十岁，都是女性一生最美好的时光，有青春年华，又有得意郎君，生活顺风顺水。四十岁开始，女性背负起了家庭的重担，要照顾家中老幼，又要计算家用，就在辛勤劳作中，逐渐老去。即使是为家庭付出了自己的青春，可到了五十岁年华逝去时，还要担心被丈夫嫌弃，只得百般讨好，儿女渐渐长成，又要忧心他们的婚姻和家庭是否顺利幸福，就这样到了六十岁。之后的四十年，身体逐渐衰弱，行动不便，眼暗耳聋，生命走向尽头，最终身化尘埃，只有“明月长年照土堆”。

百岁篇·丈夫

一十香风绽藕花，弟兄如玉父娘夸。
平明趁伴争球子，直到黄昏不忆家。

二十容颜似玉珪，出门骑马乱东西。
终日不解忧衣食，锦帛看如脚下泥。

三十堂堂六艺全，纵非亲友亦相怜。
紫藤花下倾杯处，醉引笙歌美少年。

四十看看欲下坡，近来朋友半消磨。
无人解到思量处，只道春光没有多。

五十强谋几事成，一身何足料前程。
红颜已向愁中改，白发那堪镜里生。

六十驱驱未肯休，几时应得暂优游。
儿孙稍似堪分付，不用闲忧且自愁。

七十三更眼不交，只忧闲事未能抛。
无端老去令人笑，衰病相牵似拔茅。

八十谁能料此身，忘前失后少精神。
门前借问非时鬼，梦里相逢是故人。

九十残年实可悲，欲将言语泪先垂。
三魂六魄今何在，霹雳头边耳不知。

百岁归原起不来，暮风骚屑石松哀。
人生不外非虚计，万古空留一土堆。

再来看男子的一生：三十岁之前，成日骑马饮酒，不知人间辛苦。四十岁时开始走下坡路，意识到时光流逝，年华不再。五十岁时白发催生，六十岁仍不得清闲，虽然儿孙长成不用忧心，还是有许多烦心之事，不得安稳。七十岁后，失眠多忘，身体衰微，直到生命终结，依然是“万古空留一土堆”。

这两组词分别概括了男、女的一生，比较起来，女性篇更为生动。从少不经事的闺阁少女，到年华正茂的闺中少妇，再到为了家庭操碎了心还要担心丈夫嫌弃的家庭妇女，总结了女性一生中的几个重要时期。丈夫篇虽然不及女人篇细致贴切，也将男子一生的几个阶段作了大致描述，两篇都以“土堆”结束，无论是男人还是女子，最终都躲不过生命的结束。

每个人的人生轨迹不同，但人生的各个阶段是大致相似的，如若没有清晰的对时间流逝、生命短暂的意识，只是被动的在每一个阶段完成相应的任务，那么人生的意义是得不到体现的。现代人也在做关于生命历程与意义的思考，我曾收到一条短信，可以说是现代的《百岁篇》：“0岁出场，10岁成长，20岁彷徨，30岁定向，40岁打拼，50岁回望，60岁告老，70岁搓麻将，80岁晒太阳，90岁躺床上，100岁挂墙上。生的伟大，死的凄凉。能牵手的时候，请别肩并肩，能拥抱的时候，请别手牵手，能相爱的时候，请别说分手。人生就这么短暂而已。”让我们把握这短暂的生命，珍惜生命中的一分一秒，用它们来做有意义的事，等到生命终止的时候不觉得后悔，这才是生命的意义，也是有关时间的词作能带给我们的最深的启迪。